지구부터
살리고
공부할게요

POSSIAMO CAMBIARE IL MONDO
©2021 Mondadori Libri S.p.A., Milano
Text by Rossella Köhler
Illustrations by Ilaria Zanellato
Korean translation Copyright © Mind Bridge Publishing Co.

지구부터 살리고 공부할게요
: 세계 시민의 약속 SDGs

초판 3쇄 발행 2024년 5월 25일

지은이 로쎌라 퀼러   **그린이** 일라리아 자넬라토
옮긴이 황지영   **감수** 권송
펴낸이 정혜숙   **펴낸곳** 마음이음

책임편집 이금정   **디자인** 김세라
등록 2016년 4월 5일(제2016-000005호)
주소 03925 서울시 마포구 월드컵북로 402, 9층 917A호(상암동 KGIT센터)
전화 070-7570-8869 **팩스** 0505-333-8869 **전자우편** ieum2016@hanmail.net
블로그 https://blog.naver.com/ieum2018

ISBN 979-11-92183-57-2 43300
     979-11-960132-5-7 (세트)

세계 시민의 약속 SDGs

지구부터
살리고
공부할게요

글 로쎌라 쾰러 | 그림 일라리아 자넬라토 | 옮김 황지영 | 감수 권송

마음이음

어린이와 청소년이 만들어 가는 지속가능한 현재

두 번의 참혹한 세계대전을 겪은 후, 국제 사회는 평화를 보장하기 위하여 1945년 유엔(UN: 국제연합)과 유네스코(UNESCO: 국제연합교육과학문화기구)를 창설했습니다. 유엔은 회원국 간의 협력을 통해 안정적인 국제 질서를 유지하며 전쟁을 막고 평화를 지키기 위해 노력해 왔습니다. 특히 유네스코는 정치와 경제적 조정만으로는 평화를 지속하기 어려운 만큼, 교육·과학·문화를 통해 사람들의 마음속에 평화를 세우고 서로 힘을 합칠 수 있도록 지원해 왔습니다.

전 세계적으로 힘을 합쳐 평화를 가꾸어 나가면서 국제 사회 구성원들은 여러 질문을 하게 되었습니다.

"전쟁만 일어나지 않는다면 평화가 이루어진 것일까?"

"부유한 나라와 가난한 나라 사이의 격차가 점점 벌어지고, 같은 나라 안에서도 부자와 가난한 사람 사이의 불평등이 점점 커지더라도 전쟁만 없다면 평화롭다고 할 수 있을까?"

"성별, 피부색, 종교, 나이 등의 이유로 누군가가 차별을 받는다면 평화로울 수 있을까?"

"경제를 발전시키는 과정에서 환경이 파괴되고 있는데, 그래도 평화롭다고 할 수 있을까?"

이러한 질문과 끊임없는 논의를 통해 국제 사회는 전쟁이 없는 상태를 넘어 더욱 적극적인 평화를 꿈꾸게 되었습니다. 그리고 그 과정에서 경제, 사회, 환경 등 다양한 측면이 어우러진 지속가능한 발전을 추구하게 되었습니다.

유엔 창설 70주년을 맞이한 2015년, 제70차 유엔 총회에서 국제 사회는 지속가능한 발전을 위해 인류가 2030년까지 달성할 17개의 목표를 수립했습니다. 지속가능발전목표(Sustainable Development Goals: SDGs)는 17개 목표와 169개 세부 목표로 되어 있는데 『지구부터 살리고 공부할게요』를 통해 그 주요 내용을 차근차근 살펴볼 수 있습니다.

지구촌 곳곳에서 지속가능발전목표를 실천하는 세계 시민들의 이야기를 읽다 보면 독자 여러분의 마음에도 함께 실천해 보고 싶은, 혹은 친구들과 힘을 모아 보고 싶은 다양한 아이디어가 떠오를 것 같습니다.

흔히들 어린이와 청소년을 미래 세대라고 부르지만 여러분은 이미 오늘날을 살고 있는 현재의 주인공입니다. 우리의 일상에서 마주하는 문제점들을 지속가능발전의 관점에서 해결하려 노력하면서 보람과 즐거움을 경험하기 바랍니다. 그러한 귀한 관심과 마음이 모여 지속가능한 세상으로 나아가리라 기대합니다.

한경구 유네스코한국위원회 사무총장

차례

누구도 예외일 수 없어요!

2015년, 세계 각 나라들은 유엔 총회에 모여 삶의 터전인 지구와 인류의 지속가능한 발전을 위한 프로젝트를 시작했어요.

긴 시간 논의한 끝에 인류가 공동으로 지켜야 할 17개 목표를 결정했어요. 경제, 환경, 평화, 국가 간 협력 등 매우 다양한 영역에 걸친 목표들이었어요.

이 목표를 '지속가능발전목표'라고 이름 지었어요. 제기된 문제에 대해 2030년까지 전 세계 모든 국가에서 의미 있는 성과에 도달해야 함을 강조했어요.

발전은 개개인과 인류 전체를 위해 달성되어야 하며 특히 어린이, 여성, 노인과 장애인처럼 약하고 소외된 사람들에게 신경을 써야 해요.

누구도 예외일 수 없다는 말은 17개 목표를 이루기 위해 모두가 힘을 모아 행동해야 함을 뜻해요.

자, 지금 당장 우리 함께 세상을 바꾸어 보아요!

캐나다, 누나부트 **13**

독일 **15**

미국, 시카고 **1**

이탈리아, 토스카나 **12**

미국과 멕시코 국경 **10**

아이티 **3**

세네갈 **7**

카메룬 **14**

볼리비아 **8**

브라질, 리우데자네이루 **11**

지구촌 프로젝트 지도

보스니아헤르체고비나

방글라데시
17

중앙아프리카공화국
우간다
2

9 케냐

6 베트남

모잠비크
5

목표

1

빈곤을
퇴치해요

지구에는 빈곤에 시달리는 사람이
10억 명이나 돼요

  국제연합(UN)에서는 음식, 주거, 옷, 건강, 교육 등 가장 기본적인 것을 해결하기 위해 하루에 쓸 수 있는 돈이 1.9달러(한화 약 2500원) 미만인 사람을 빈곤한 상태에 있다고 보고 있어요. 그래서 이 기준에 미치지 못한 상태를 절대적 빈곤이라 말해요.

  하지만 각 나라의 생활 수준에 따라 달라지는 상대적 빈곤 요소들도 고려해야 해요. 예를 들어 중앙아프리카에 사는 사람에게 하루 5달러는 비교적 충분한 금액이지만 유럽 어느 나라에서도 이 금액으로 하루를 살기가 버거워요.

♣ 가장 빈곤한 사람들은 누구일까요?

대부분의 나라에서 여성과 아이들이 빈곤한 삶을 살아요. 여성의 경우 가사 노동과 같은 소득이 발생하지 않는 비공식 경제 활동을 하는 등 이들의 생존이 타인에게 달려 있는 경우가 많기 때문이에요.

이것은 사회 전체를 위협하는 매우 심각한 일이에요. 만약 한 아이가 충분히 먹지 못해 영양실조에 걸리면 성인이 되어서도 신체뿐 아니라 심리적으로 문제가 생길 가능성이 커요. 그러므로 온 인류의 미래를 위한다면 각 나라 정부가 빈곤을 감소시키기 위한 행동 계획에 어린이를 우선순위로 두는 것이 중요해요.

빈곤한 사람의 수는 예측하기 힘든 환경과 사건에 영향을 받아서 변화가 많아요. 예를 들어 지진과 같은 자연재해, 전쟁, 기후 변화, 전염병 혹은 많은 사람들이 일자리를 잃는 경제 위기 같은 갑작스런 긴급 상황이 발생할 때 기하급수적으로 증가하지요.

♣ 빈곤과 사회 보장 제도

한 가족의 빈곤 정도는 그들이 소유한 재산뿐 아니라 국가에서 제공하는 사회 보장 제도 혜택과 기초 서비스 이용 접근성을 바탕으로 측정해요.

유엔 보고에 따르면 세계 인구의 80%가 광범위한 사회 보장 혜택을 받지 못하고 있어요. 사회 보장 수혜 대상은 장애인, 비정규직 노동자, 이민자 등 누구도 소외되지 않게 보장 범위가 확대되어야 해요.

또한 빈곤한 사람을 포함하여 모두가 의료 서비스, 사회 기반 시설 이용 (전기, 식수, 하수도 등), 기초 교육, 직업 훈련, 노인이 되었을 때 필요한 연금과 같은 기본 서비스를 이용할 수 있도록 사회 보장 제도를 구축할 필요가 있어요.

지구촌에는 사회 보장 제도를 도입하여 빈곤한 국민을 도와 그 수를 줄이려는 국가가 있는 반면 그렇지 못한 곳도 있어요.

세부 목표

1

- 하루 1.9달러 미만으로 살아가는 사람이 없도록 해요.
- 사회 보장 제도의 보장 범위를 확대하여 빈곤에 처한 사람들이 소외되지 않도록 해요.
- 모든 사람에게 의료 및 교육 서비스를 제공하고 빈곤층은 무료로 이용할 수 있도록 해요.
- 새로운 일자리를 만들어요.
- 기후 위기, 자연재해, 전쟁 등의 문제로 빈곤에 처한 사람들을 돕는 방안을 기획해요.

내가 할 수 있는 일은 무엇일까?

- 용돈의 일부를 후원하거나 구호 활동에 동참할 수 있어요.
- 부모님과 상의하여 해외 아동 결연을 맺어 봐요. 빈곤에 처한 아이가 학교를 다니고 좀 더 나은 환경에서 지낼 수 있어요.
- 커피 한 잔도 사 먹기 어려운 사람들을 위해 한 잔 값을 미리 계산해 놓는 나폴리의 오랜 전통을 따라해 봐요. 서점에서 책 한 권이 될 수도 있고, 마트에서 장을 한 번 볼 수 있는 쿠폰이 될 수 있겠지요.

안정된 삶에 꼭 필요한 요소

건강

몸이 건강해야 일을 하여 자신과 가족을 위해 돈을 벌 수 있어요. 질병을 예방하고 치료하며 장애인을 돌보는 일은 매우 중요해요.

음식

건강한 생활을 하려면 양질의 음식은 필수예요. 가정에서 이루어지는 영양 교육도 아주 중요해요. 건강한 음식을 감사한 마음으로 남기지 않고 먹어요.

직업

성인은 자신의 능력과 희망에 따라 직업을 가질 권리가 있어요. 그리고 돈을 벌어 스스로 소비 생활을 해요. 반면 어린이에게는 절대로 노동을 강요하면 안 돼요.

평화

전쟁과 폭력이 없는 평화로운 상태는 모든 사람들이 행복한 삶을 누리는 데 꼭 필요해요.

집

화장실과 전기 사용이 가능한 편안하고 안전한 집은 우리를 평온하게 살도록 해 줘요. 서로 돕는 이웃과 폭력이나 범죄가 없는 동네도 아주 중요한 요소지요.

학교

책임감 있고 능력 있는 사람을 키워 내려면 학교가 꼭 필요해요. 기초 지식뿐 아니라 전문적인 지식을 쌓기까지 학생들이 학업을 포기하는 일 없이 공부를 계속 이어 나가는 것도 중요해요.

여가 시간

일하고 공부하는 것 외에도 인간은 누구나 쉬고 운동하며 문화생활을 즐기고, 친구와 가족과 함께 자유 시간을 누릴 권리가 있어요.

환경

깨끗한 물과 공기는 살아가는 데 반드시 필요해요. 토양 오염이나 올바로 처리되지 않은 쓰레기는 사람들의 건강을 크게 위협해요.

노숙인을 돕는 축복 가방

"고모, 조금만 더 천천히 가요."

자킬이 헐떡이는 목소리로 고모 뒤를 따라가며 말했어요. 티아 고모는 노숙인을 돕는 기관에서 자원봉사자로 활동하고 있어요. 노숙인은 일정한 거처가 없는 이들을 말해요.

"자킬, 서두르지 않으면 수프가 식어 어쩔 수 없단다."

자킬과 티아 고모는 미국 일리노이주에 있는 대도시, 시카고에서 노숙인들이 많이 모이는 장소에 있어요. 고모가 다리 밑에서 접이식 탁자를 펴자 두 청년, 루크와 버치가 그 위에 연기가 모락모락 피어오르는 냄비를 올려놓았어요.

맛있는 수프 냄새가 사방으로 퍼지자 노숙인들이 다가왔어요.

"이리로 오세요. 이렇게 추운 날에는 따뜻한 수프가 최고예요."

티아 고모가 노숙인들이 내미는 그릇에 수프를 떠 주는 동안 버치는 샌드위치를 나눠 주었고, 루크는 커피를 따라 주었어요.

"저는 그릇이 없어요."

몹시 마른 한 젊은 여자가 미안해하며 말했어요.

"괜찮아요. 혹시 몰라 몇 개 준비해 왔어요. 여기 새로 오셨어요?"

여자는 수줍게 고개를 끄덕였어요.

수프 그릇을 건네며 티아 고모는 명함도 한 장 챙겨 주었어요.

"도움이 필요하면 이 번호로 연락 주세요."

자킬은 배식 과정을 유심히 지켜보았어요.

"자킬, 왜 아무 말도 없는 거니?"

티아 고모는 조카를 괜히 데려왔나 잠시 생각했어요. 이런 상황을 이해하기에 너무 어릴 수도 있으니까요.

"이 사람들을 도울 방법이 없을까 생각 중이었어요."

집에 도착하자마자 자킬은 엄마에게 폭풍같이 질문을 쏟아부었어요.

"왜 그 사람들은 집이 없어요? 그 전에는 있었나요? 어쩌다 길에서 잠을 자게 된 거예요? 춥지는 않을까요? 씻는 거는 어떻게 해결하죠? 엄마, 우리가 그들에게 집을 사 줄 수는 없나요?"

자킬은 학교에 가서도 선생님과 친구들에게 고모를 따라가서 본 이야기를 들려주었어요.

그날 이후 자킬에게 어떤 생각이 피어나기 시작했어요.

'노숙인들에게 집을 주는 것은 어렵지만 힘겨운 일상에 도움이 될 만한 물건을 줄 수는 있어!'

그렇게 자킬은 여덟 살에 부모님과 선생님의 도움으로 '프로젝트 아이엠'(PROJECT I AM)을 시작했어요. 목표는 노숙인 5천 명에게 생필품을 채운 '블레싱 백'(Blessing Bag)을 나눠 주는 거예요.

무엇을 담을지는 자킬이 정했어요.

"물티슈와 손 소독제, 양말, 칫솔과 치약, 샴푸 세트, 데오드란트(땀 냄새 억제), 생수 몇 병, 시리얼과 초콜릿 바 그리고 몇 가지 다른 간식으로 채워서 드리면 좋겠어요."

그리고 이런 말도 덧붙였어요.

"무엇보다 노숙인들을 더 이상 투명 인간 취급하지 않았으면 좋겠어요. 집 없이 길을 떠돌며 살지만 다른 이들과 마찬가지로 우리 사회의 일원이니까요."

노숙인을 돕는 프로젝트

　자킬이 시작한 '프로젝트 아이 엠'은 점차 확장되어 몇 년 만에 3만 5천 명이 넘는 사람들이 동참했어요. 시카고뿐 아니라 로스앤젤레스, 워싱턴, 애틀랜타를 비롯한 미국의 여러 도시와 세계 여러 나라들도 함께했어요. 개인, 가족, 기업들이 후원에 참여하여 블레싱 백을 채울 물건을 기부했어요.

　자킬은 지금도 여러 학교를 방문하여 자신의 생각을 친구들에게 들려주고 이 프로젝트에 동참해 달라고 말하고 있어요. 뿐만 아니라 친구들이 살고 있는 지역 사회를 위해 그들이 직접 프로젝트를 구상하고 실행할 수 있도록 격려하며 이런 말도 덧붙였지요.

　"훌륭한 사람이 되는 건 먼 훗날 어른이 되어야 가능한 게 아니에요. 어린 나이에도 충분히 할 수 있으니까요!"

2 목표

기아를
종식시켜요

지구에 얼마나 많은 사람들이
살고 있을까요?

세계 인구는 2023년 기준 80억 명이 넘었어요. 우리는 농사를 짓고 가축을 기르며 바다와 강에서 물고기를 잡아 식량으로 삼아요.

지속가능발전목표의 두 번째 의제는 식량에 관한 것이에요. 지구의 자원과 인간에게 필요한 식량 사이에 적절한 균형을 어떻게 이뤄야 할지 해결책을 고민해야 해요.

전 세계 인구가 먹을 충분한 식량을 생산할 수 있음에도 불구하고 매일 밤 수많은 사람들이 굶주린 채로 잠들어요. 이 문제를 해결하려고 여러 프로젝트를 만들어 실행했지만 아직 충분한 성과를 얻지 못했어요.

♣ 가장 배고픈 사람들은 누구일까요?

굶주림으로 고통받는 8억 2천만 명의 사람들 중

- 약 5억 2천만 명은 아시아에 살아요.
- 약 2억 6천만 명은 아프리카에 살아요.
- 약 4천만 명은 중·남아메리카에 살아요.

모든 대륙을 통틀어 2천만 명 이상은 너무 작게 태어난 아기들이에요. 임신 기간 중 임신부가 영양분을 충분히 섭취하지 못했기 때문이지요. 게다가 어린이 10명 중 한 명은 저체중, 즉 정상 체중에 못 미쳐요.

♣ 음식다운 음식과 그렇지 못한 음식

굶주림뿐 아니라 불안정한 먹거리도 문제예요. 세계 인구의 $\frac{1}{4}$ 정도 되는 20억 명의 사람들이 매일 먹거리를 마련하는 데 어려움을 겪거나 영양 부족에 시달리고 있어요.

너무 적게 먹거나 영양가 낮은 음식을 먹으면 건강에 문제가 생겨요.

건강에 필요한 단백질과 비타민이 충분하지 않은 음식을 섭취하면 영양실조에 걸려요. 단백질은 세포를 구성하는 주요 영양소이므로 성장과 근육 생산에 꼭 필요해요. 그리고 비타민이 부족하면 바이러스나 박테리아의 공격을 받았을 때 우리 몸이 방어를 할 수 없어요.

패스트푸드나 인스턴트식품 같은 정크 푸드는 저렴하지만 영양가는 낮고 당분과 지방이 많아 열량은 높아요. 그러나 정크 푸드는 부유한 국가에서도 많이 소비되고 있어요.

♣ 식량을 생산하는 일은 쉽지 않아요

기아 문제는 농업 생산성과 밀접한 관계에 있어요. 하지만 농업 생산성은 여러 요인으로 증가하거나 감소할 수 있어요.

- **환경의 변화** 어떤 지역에서는 가뭄이, 또 어떤 지역에서는 홍수가 나서 농작물이 크게 피해를 입기도 해요.
- **전쟁** 전쟁이 있는 곳에는 농사를 지을 수 없어요. 게다가 많은 지대가 지뢰밭이 될 수 있기 때문에 오랫동안 경작할 수 없어요.
- **경제** 경제 상황에 따라 음식 가격이 결정되는데 때로는 빈곤한 가정에서는 감당할 수 없을 정도로 비싸지기도 해요. 그리고 많은 농작물을 생산하지만 대부분이 부유한 국가로 수출되어 그 지역 국민들은 배불리 먹지 못하는 나라도 있어요.

세부 목표

2

- 모든 사람들이 굶주리지 않고 영양가 있는 음식을 먹을 수 있도록 보장해요.
- 농촌 기반 시설, 과학적 농업 연구, 농민을 위한 전문 교육에 투자하여 농업 생산성을 향상시켜요.
- 유기 농업과 소규모 농민을 지원해요.
- 어려움에 처한 사람들에게 식량을 지원해요.
- 기본 식재료에 대한 상한가를 정해요.
- 음식 낭비를 줄이기 위한 법률을 제정해요.

내가 할 수 있는 일은 무엇일까?

- 부모님을 설득하여 최소한의 푸드 마일 제품, 즉 가까운 곳에서 재배되는 먹거리를 구입하도록 해요. 이런 먹거리는 더욱 신선할 뿐 아니라 운송에 소비되는 에너지도 줄일 수 있어요.
- 플라스틱으로 포장된 먹거리를 사지 않도록 해요. 포장 비용 때문에 가격이 비싸질 뿐 아니라 처리할 쓰레기도 늘어요.
- 2023년부터 유통 기한이 소비 기한으로 변경되었어요. 소비 기한은 유통 기한보다 기한이 더 길어요. 냄새를 맡아 보고 상태를 관찰하여 괜찮으면 먹도록 해요.

땅은 우리에게 영양분을 공급해요

차

차나무의 어린잎을 달이거나 우린
물을 차로 마셔요. 주로 아시아에
서 재배, 생산하여 전 세계로 수출
해요.

쌀

세계 인구 절반 이상이 기본 식재료로 먹어요.
쌀의 90% 정도를 아시아에서 생산해요.

커피

커피나무의 열매을 볶아서 간 가루예요.
카페인을 함유하고 있으며 주로 음료로
만들어 먹어요. 브라질에서 전 세계 커피
생산량의 $\frac{1}{3}$ 을 생산해요.

밀

단백질이 풍부해서 영양분이 많아요.
수확한 후 가루로 만들어 빵과 파스타
의 재료가 되는 밀가루를 만들어요.

사탕수수

열대 지역에서 재배되는 식물이에요. 생산량으로 보면 세계에서 가장 많이 수확되는 작물이지요. 줄기에서 나오는 즙을 끓이고 진하게 만들어 설탕을 얻을 수 있어요.

카카오

남아메리카가 원산지인 식물이지만 오늘날에는 아프리카에서 가장 많이 생산하고 있어요. 씨는 가공하여 코코아나 초콜릿을 만들어요.

감자

북극 인근 지역부터 아메리카 대륙 최남단까지 다양한 기후 환경에서도 잘 자라요. 백여 개 이상의 국가에서 재배해요.

콩

세계에서 가장 많이 재배되는 작물 중 하나예요. 씨앗에서 기름과 가루를 얻을 수 있고, 그것으로 두유를 비롯한 다양한 식품을 만들어요. 콩잎 또한 훌륭한 음식이에요.

옥수수

음식, 가축 사료, 기름, 전분, 감미료, 종이, 바이오 연료 등 다양한 방법으로 활용되는 곡물이에요. 밀, 벼와 함께 세계 3대 작물 중 하나예요.

농부 아빠의 꿈

"아샤, 이리 와서 야채 씻는 일을 도우렴."

엄마가 말했어요.

아샤네는 아이가 열 명이나 되는 대가족이에요. 이들 중 여섯은 오전에는 학교에 가고 오후에는 집안일을 하기 바빠요. 아샤는 열 명의 자녀 중 넷째예요. 아샤가 사는 곳은 아프리카 한가운데에 위치한 나라, 우간다의 카사우예요.

"오늘은 네가 땔감을 모아 올 차례야. 난 어제 다녀왔어."

"알겠어. 그럼 형이 양동이에 물을 퍼 와."

아이들은 서로 집안일을 미루기도 했지만 열심히 도왔어요. 그런데 아샤는 야채를 손질하는 일을 따분해했어요.

"어휴! 이게 제일 지루한 일이야!"

아빠는 농사일을 하는데 가끔 큰 아이들을 일터에 데리고 갔어요. 나일강 주변 평원에 자리한 밭은 비옥하고 물이 풍부하여 카카오나무를 재배하기에 적합했어요.

"카카오나무를 재배하는 일은 매우 힘들고 세심한 주의가 필요해. 카카오나무 열매에서 씨앗을 뺄 때는 마체테라는 칼을 쓰는데 칼날이 날카로우니 조심해야 해. 그래서 너희에게 맡기지 않고 내가 직접 하는 거란다."

아빠가 설명했어요.

"그럼 저희는 무엇을 도울까요?"

"너희는 말린 씨앗을 자루에 채워서 트럭에 실으렴."

"아빠, 우리가 재배한 카카오 씨앗은 어디로 가요?"

"이 씨앗들은 유럽으로 긴 여행을 떠나지. 그곳에 있는 공장에서 씨앗을 볶아 가루를 내어 초콜릿으로 만들 거야."

엄마 아빠는 아이들이 학교를 졸업한 뒤 대학에 갈 수 있기를 바랐어요. 아

빠는 종종 마을의 다른 농부들에게 이렇게 말했어요.

"제 꿈은 우리 아이들이 농업을 공부하는 거예요. 다음 세대가 현대 과학과 기술을 배워서 농사에 적용하는 일이 중요하니까요. 이것이 우간다와 아프리카의 발전을 도울 수 있는 방법이에요."

부모님은 아직 어린 아샤에게 농사를 돕는 것을 허락하지 않았어요. 하지만 아샤는 돕고 싶었지요.

"아빠, 저도 일을 돕고 싶어요! 아빠가 우간다에서 제일가는 카카오 생산자가 되도록이요."

식사 시간에 아샤가 말했어요.

엄마는 딸이 간절하게 말하는 걸 듣고 미소 지으며 말했어요.

"아샤, 아빠를 돕기 전에 학교 숙제부터 마칠래? 엄마 일도 좀 돕고."

아샤는 고개를 끄덕였지만 이미 머릿속에 계획이 있었어요. 그리고 숙제를 핑계 삼아 엄마 일을 돕지 않았어요.

아샤는 책가방을 들고 자신이 가장 좋아하는 나무 밑에 자리를 잡았어요. 순식간에 숙제를 마친 아샤는 곧장 밭으로 달려갔어요.

"아빠의 소중한 도우미가 뛰어오네요!"

신나게 달려오는 아샤를 보며 언니 오빠들이 아빠에게 말했어요.

착한 초콜릿 프로젝트

우리가 간식으로 즐겨 먹는 초콜릿은 많은 사람들의 수고와 기나긴 바다 여행을 거쳐야 해요.

대부분의 카카오는 아프리카에서 생산되는데 시장 가격은 농부들의 수고에 비해 터무니없이 낮아요. 이러한 이유로 카카오 최대 생산국인 코트디부아르와 가나 정부는 카카오의 수출에 대해 높은 세금을 정해 두었어요.

카카오를 수입하는 나라 중 농부들의 노동 대가를 적절하게 지불하려고 애쓴 초콜릿 공장도 있어요.

스위스의 초콜릿 회사 '쇼키'(Schöki)는 국제 시장 카카오 가격의 네 배를 농부들에게 지급해요. 물론 쇼키에서 만드는 초콜릿은 다른 회사 제품에 비해 가격이 비싸요. 그렇지만 농부들이 일한 만큼 그 대가를 받게 해 주는 초콜릿을 더 비싼 값에 구입하려는 소비자들도 많아요.

우간다의 카사우에 있는 한 담벼락에는 이런 문구가 쓰여 있어요.

Good Chocolate, Happy People (착한 초콜릿, 행복한 사람들)

3

건강과 복지를
보장해요

'삶의 질'은 무엇일까요?

삶의 질은 사회 생활 수준을 기준으로 측정해요. 이를테면 안락하고 깨끗한 집에 산다든지, 충분한 여가 시간과 운동을 할 수 있으며, 먹을 것이 부족하지 않은 상태 같은 것이지요.

이러한 여러 가지 요소 중 필수는 바로 건강이에요. 건강은 우리가 살아가고, 공부하고, 일하고, 가족을 부양하고, 친구들과 즐겁게 어울리는 데에도 매우 중요하기 때문이에요.

건강하려면 몸에 좋은 음식을 먹고, 깨끗한 환경에서 살고, 아플 때 치료를 받아야 해요. 그리고 사회 차원에서는 장애인이 일상생활을 할 때 불편함이 없도록 적절한 환경을 만들고 적극적으로 돌보아야 해요.

♣ 지구가 건강해야 인간도 건강해요!

과학자들은 무분별한 개발로 환경이 파괴되었고 이는 인간의 건강과도 밀접한 관련이 있다고 입을 모아 주장해요.

인구의 증가, 동식물의 서식지 파괴, 생물 다양성의 위기는 환경을 변화시키고 몇몇 질병을 더욱 확산시켰어요. 실제로 대기 오염과 바이러스의 유행 사이에는 매우 밀접한 상관관계가 있는 것으로 밝혀졌어요. 지구 온난화로 말라리아를 옮기는 모기 같은 질병을 일으키는 곤충들이 많이 번식했어요.

♠ 지구촌 북반구와 남반구의 격차

부유한 나라에서는 사람이 아프면 병원과 약이 있어 쉽게 치료를 받을 수 있어요. 또한 정기적으로 건강 검진을 받아 질병을 예방할 수 있어요.

오늘날에는 가난한 나라에서도 예방접종이 확산되어 전염병이 줄고 사망률도 감소했어요. 하지만 여전히 병원에 가려면 수십에서 수백 킬로미터를 차로 달려가야 하는 소외된 지역에 사는 사람도 많아요.

대도시 외곽에 살아도 치료를 받는 일은 쉽지 않아요. 의사나 응급 병원이 인구수에 비해 적고, 병원이 있어도 의료 장비가 제대로 갖추어 지지 않은 경우도 많기 때문이에요. 그러므로 응급실을 갖춘 새로운 병원을 짓고 저렴한 가격에 약품과 백신을 공급하며 의료진을 교육하는 일은 매우 중요해요.

교육 또한 건강과 밀접하게 연관되어 있어요. 부모가 많은 교육을 받은 가정에서 자란 아이들의 사망률이 더 낮다는 사실이 통계로 증명되었으니까요. 그리고 어린이와 청소년이 위생의 중요성과 올바른 식습관을 배우고, 담배와 술이 건강에 주는 피해를 알면 잘못된 선택을 하지 않을 거예요.

세부 목표

3

- 모든 사람들에게 양질의 의료 서비스를 보장해요.
- 심각한 전염병을 퇴치해요.
- 산모와 신생아 및 5세 미만 아동의 사망이 일어나지 않도록 해요.
- 대기, 수질, 토질 오염으로 발생하는 질병과 그로 인한 사망자 수를 낮춰요.
- 술, 담배의 유해성을 알려 사용을 줄여요.
- 약물 오남용을 예방하고 마약류 같은 약물에 의존하여 고통받는 사람들의 치료를 강화해요.

내가 할 수 있는 일은 무엇일까?

- 기본 위생 수칙(손 씻기, 양치, 깨끗한 옷 입기 등)을 실천해요.
- 규칙적인 운동을 해요.
- 보건 당국의 지침을 따라요.

전염병과 백신

인간면역결핍바이러스(HIV)

후천면역결핍증인 에이즈(AIDS)에 걸리게 하는 바이러스예요. 면역 세포를 파괴하여 각종 질병에 대항할 수 없게 해요. 아직 백신이 없고 연구가 진행 중이에요. 가장 피해를 많이 입은 대륙은 아프리카예요.

페스트(유스티니아누스 역병)

역사에 기록된 최초의 전염병이에요. 로마제국 시대가 끝나갈 무렵 유행하기 시작했어요. 페스트균이 원인이었던 이 전염병은 동로마제국의 황제 이름을 붙여 유스티니아누스 역병이라고 불러요.

스페인 독감

스페인 독감으로 불리지만 미국에서 발원한 질병이에요. 이 감기는 매우 위험하고 전염성이 높아 한 세기 전, 빠르게 전 세계로 확산되었어요.

천연두

전염성이 매우 높아 과거에는 사망하는 경우도 많았어요. 영국 의사 에드워드 제너가 백신을 개발하였고, 이는 최초의 백신이에요.

중증급성호흡기증후군(SARS)

코로나바이러스가 그 원인으로, 2002년 중국에서 처음 발생하여 전 세계적으로 유행했어요. 백신 개발 도중 2년 이내로 사라져 백신 개발이 중단됐어요.

흑사병(중세 페스트)

14세기 무렵 유럽에서 유행하여 많은 사람이 죽었어요. 한참이 지나서야 쥐에 기생하는 벼룩에 의해 전파된다는 사실이 밝혀졌어요. 쥐와 벼룩은 마차나 배를 통해 대륙과 바다로 이동했어요.

홍역

피부에 발진을 일으키는 질환으로 전염력이 매우 강해요. 그래서 백신 접종이 어려운 나라에 예방접종 캠페인을 벌이고 있어요. 한 번 걸린 후 회복되면 평생 면역력이 생겨요.

코로나바이러스감염증-19(COVID-19)

2019년에 발생한 호흡기 감염 질환이에요. 높은 감염률 때문에 불과 몇 개월 만에 전 세계적인 유행병이 되었어요.

우리 마을을 찾아온 이동 진료소

"안드레, 트럭이 도착했어! 숨지 말고 어서 나와!"

이쯤 되니 엄마는 화를 내야 할지 걱정을 해야 할지 난감했어요. 안드레가 이른 아침부터 숨어서 아침 식사도 하지 않았으니까요.

오늘은 며칠 전부터 예고한 대로 마을에 하얀 트럭이 왔어요. 트럭 옆면에는 아이를 안은 엄마와 유니세프(unicef)라는 파란색 글씨가 커다랗게 쓰여 있었어요.

"안드레, 엄마 화 내기 전에 어서 나와. 벌써 줄이 엄청 길단 말이야. 빨리 다녀와서 할 일이 많단다."

운전사가 작은 트럭을 몰며 확성기로 소리쳤어요.

"저희는 10살 어린이까지 예방접종을 실시하고 있습니다! 질병으로부터 아이들을 지켜 주세요!"

안드레의 엄마는 매우 기뻤어요. 지난 예방접종 때는 진료소까지 무려 6킬로미터를 걸어가야 했거든요.

"안드레 어머니, 안 가요?"

이웃 아주머니가 물었어요.

"안드레가 주사가 무서운지 숨어서 안 나오네요."

그때 집 안 구석에서 안드레를 발견했어요.

"드디어 찾았구나. 하루 종일 숨바꼭질하느라 엄마가 기운이 아주 쏙 빠졌어. 잠깐 따끔할 뿐이니 너무 겁먹지 마."

엄마는 안드레의 곱슬머리를 쓰다듬으며 말했어요.

안드레는 고개를 푹 숙인 채 엄마를 따라갔어요.

트럭 앞에 작은 진료소가 마련되어 있었어요. 마침내 안드레의 순서가 되었어요.

"반가워, 네 이름은 뭐니?"

간호사가 활짝 웃는 얼굴로 물었어요. 안드레는 기어들어 가는 목소리로 이름을 말했어요.

"안드레, 키와 몸무게를 재야 하는데 체중계 위에 올라가 볼까?"

안드레는 간호사의 말에 따라 바로 움직였어요.

"잘했어! 나이에 비해 키가 크고 영양 상태도 좋구나."

엄마의 얼굴에는 만족스러운 미소가 번졌어요.

"이제 침대 위에 앉으렴. 금방 끝날 거야."

심각한 안드레의 얼굴을 살피며 간호사가 말했어요. 간호사는 겁먹은 아이를 다루는 방법을 아주 잘 알았어요.

"만화책 좋아하니? 읽다가 마음에 들면 선물로 줄게."

안드레는 금방 만화책에 빠져들었어요.

"자, 벌써 끝났어! 별거 아니지?"

안드레는 만화책을 읽느라 언제 주사를 맞았는지도 느끼지 못했어요.

"내년에 또 만나자. 그때는 주사가 더 이상 무섭지 않을걸?"

간호사가 말했어요.

안드레는 웃으며 대답했어요.

"그럼요! 만화책은 제가 가져도 되는 거죠?"

생명을 살리는 예방접종 프로젝트

매년 봄, 어린이 국제 구호단체인 유니세프에서는 '미주 지역 예방접종 주간' 캠페인을 해요. 이는 미 대륙 44개 주가 참여하는 활동이에요.

유니세프는 아이티에서 사람들이 가장 많이 몰리는 중심가에 진료소를 설치하고, 교통수단이 잘 닿지 않는 고립된 지역에는 이동 진료소를 파견해요.

다섯 가지 질병을 예방한다는 뜻에서 5가 백신이라 불리는 예방접종은 소아마비, 디프테리아, 파상풍, 백일해 그리고 홍역으로부터 우리 몸을 지켜 주어요. 진료소에서는 백신 접종 외에도 영양 결핍에 필요한 비타민과 장 질환을 위한 구충제를 투약해요. 그리고 발육 상태를 알아보려고 키와 몸무게를 측정해요.

최근 몇 년 동안 새로 개발된 냉장고와 태양 에너지 덕분에 백신을 보다 오랜 기간 보관할 수 있게 되었어요. 그래서 고립된 지역도 찾아가는 등 단체에 큰 발전이 있었어요.

예방접종 캠페인은 유니세프 외에 세계보건기구, 세계은행 그리고 다양한 후원국의 재정 지원을 받아요.

목표 4

좋은 교육을 받을 수 있도록 해요

사람은 누구나
교육을 받을 권리가 있어요

1948년에 유엔 총회에서 채택된 세계인권선언문에는 이런 내용이 있어요. "모든 사람은 교육을 받을 권리를 가진다. 교육은 최소한 초등 및 기초 단계에서는 무상이어야 한다. 초등 교육은 의무다."

지난 세기와 비교했을 때 학교 교육을 한 번도 받지 않은 사람의 수는 상당히 감소했어요. 그럼에도 불구하고 오늘날 세계에는 3억 명이 넘는 어린이들이 다양한 이유로 학교를 다니지 않거나 다니다가 그만두어야만 했어요.

이 어린이들이 성장하면 비문해자, 즉 읽지도 쓰지도 못하는 어른이 될 가능성이 매우 높아요. 글을 읽거나 쓰지 못하는 사람의 비율은 그 사회 전체의 교육 수준을 나타내는 지표가 돼요.

♣ 학교를 다니지 않는 사람들은 누구일까요?

학교를 다니지 않는 어린이의 $\frac{1}{3}$은 위기에 처한 나라에 살아요. 이들은 전쟁 지역에 살거나 집을 잃고 난민촌으로 피란을 하는 등 평범한 일상이 아닌 처참한 하루하루를 보내고 있지요.

또 어떤 사람들은 홍수나 폭풍으로 집을 잃거나 기후 변화가 가져온 가뭄 때문에 굶주리다가 고향을 떠나기도 해요. 이러한 상황에서 어린이들은 학교를 그만둘 수밖에 없어요. 이는 미래를 설계하는 데 귀중한 시간을 빼앗기는 것과 같아요.

그 밖에도 사람들이 모여 사는 주거지에서 멀리 떨어진 곳, 교통수단이 안 닿는 곳에 사는 어린이도 있어요. 몸이 아픈 어린이도 있고, 장애가 있는 어린이도 있어요. 또한 가정에 일손을 보태야 해서 학교에 다닐 수 없는 어린이도 있어요.

♣ 교육은 매우 중요해요

국제연합에서 분석한 자료에 의하면 부모의 학력이 높을수록 자녀의 건강을 더 잘 돌보고 결과적으로 유아 사망률이 감소해요. 적절한 수준의 교육은 개인의 삶의 질뿐 아니라 그 사람이 살고 있는 지역 사회의 수준도 향상시켜요.

의무 교육 기간 이후에도 어린이들이 계속해서 공부를 할 수 있어야 지식을 쌓고 능력을 키워 자신의 미래를 위해 올바른 선택을 하는 책임 있는 시민이 될 수 있어요.

그러려면 양질의 교육, 즉 좋은 교육을 학생들에게 제공해야 해요. 교사들은 가장 최근 지식을 알고 있는 등 준비가 되어 있어야 하며 각 학생의 필요를 고려해서 교육 프로그램을 구성해야 해요. 또한 배움을 통해 자기 나라를 잘 알고 세계와 다른 문화에 대해서도 시야를 넓혀 줘야 해요.

무엇보다 교육은 모든 사람에게 평등해야 하며 여자아이에게도 남자아이와 똑같은 배움의 기회가 주어져야 해요.

세부 목표

4

- 모든 어린이가 초등학교부터 고등학교까지 무상으로 학교를 다닐 수 있도록 보장해요.
- 원한다면 누구나 고등학교와 대학교에서 학업을 이어 갈 수 있도록 해요.
- 장애가 있거나 가정에 어려움이 있는 아이들에게 교육의 기회를 보장해요.
- 학습 내용에 지속가능한 환경과 인권에 대한 교육을 추가해요.
- 개발 도상국의 학생들에게 장학금 등 경제적인 지원을 확대하여 교육의 기회를 늘려요.
- 개발 도상국에 우수한 교원을 양성하여 교사 공급을 확대해요.

내가 할 수 있는 일은 무엇일까?

- 호기심을 품고 새로운 것을 배우는 일을 즐겨 보아요.
- 공부든 체험학습이든 현재 하고 있는 일에 집중해요.
- 집단 활동을 할 때 다른 친구들과 협력해요.
- 주변에 힘들어하는 친구들은 없는지 살피고 도움이 필요한 친구를 도와요.

지구촌의 학교생활

독일

초등학교 등교 첫날 부모님이나 조부모님은 아이의 입학을 축하하며 고깔 모양의 포장 박스에 과자와 색연필 등 학용품을 가득 채워서 선물해요.

아이슬란드

'생활 기술' 수업 시간에 모든 학생이 요리와 바느질하는 법을 배워요. 남녀 학생 모두 다양한 활동에 능숙하고 독립적으로 성장하도록 교육하기 위해서예요.

러시아

세계에서 가장 넓은 영토를 가진 나라이며 다양한 민족이 함께 살아요. 등교 첫날은 9월 1일인데 그날이 일요일이더라도 등교해요.

일본

학생과 교사는 교실, 복도 그리고 급식실을 교대로 청소해요. 자신이 공부하고 일하는 공간을 관리하는 것을 중요하게 생각해요.

오스트레일리아

남반구에 위치하여 우리 나라와 비교했을 때 계절이 반대예요. 학기는 2월에 시작하여 여름방학이 시작되는 12월 중순에 끝나요.

아르헨티나

초등학교 아이들은 모두 먼지와 얼룩 방지용 작업복인 하얀색 가운을 입어요.

남아프리카공화국

과거에는 학교 교육을 백인들만 받았지만 오늘날에는 이런 차별이 없어졌어요. 학교 근처에는 급식소에 식재료를 공급하는 밭이 있어요.

프랑스

영양 교육을 매우 중요하게 생각해요. 다양한 메뉴를 보장하기 위해 급식 메뉴를 선정할 때 많은 주의를 기울여요.

핀란드

의무 교육 기관에서는 성적과 순위를 매기지 않아요. 모두가 함께 토론하여 결론에 이를 수 있도록 학생들에게 질문하기를 격려해요.

중국

한 학년 동안 방학이 각 한 달씩 두 번 있어요. 설이 있는 2월과 8월이에요. 기초 과목 외에 일상 생활에서 만나는 실제적인 문제를 해결하는 내용의 교과를 배워요.

숲속의 학교

등교 첫날, 미셸 선생님은 마음이 들떴어요. 학생은 스무 명 정도 되는데 나이가 다양했어요. 산들바람이 부는 상쾌한 날씨라 야외 수업에도 문제가 없었어요.

학부모 몇 분의 도움으로 미셸 선생님은 마을 변두리에 있는 열대 초원의 커다란 바오바브나무 아래에 교실을 마련했어요. 학생들이 앉을 수 있는 돗자리를 깔고 칠판을 준비한 후, 햇빛과 비를 막아 줄 천막을 설치했어요.

"학교에 온 것을 환영해요! 제 이름은 미셸이고 앞으로 여러분을 가르칠 담임 선생님이에요. 한 명씩 돌아가며 자기소개를 해 볼까요?"

아이들은 한 명씩 이름을 말하기 시작했어요.

"제 이름은 사이다예요."

"저는 아벨이에요!"

"저는 아마도우라고 해요."

선생님은 자기소개를 마친 학생에게 교과서 한 권, 공책 한 권 그리고 연필 몇 자루를 나눠 주었어요.

"여기가 여러분이 공부할 교실이에요. 날씨가 흐린 날에는 저쪽에 보이는 하늘색 건물에서 수업할 거예요. 오전 수업을 마치고 나면 교과서와 공책을 저기에 보관하세요."

미셸 선생님은 아이들에게 숙제를 내줄 수 없다는 사실을 잘 알아요. 오후에는 아이들이 가정에서 일손을 보태야 하기 때문이에요.

"저기에 물통이 있으니 목마를 때 이용하세요."

마을에는 수도 시설이 없기에 아이들은 학교에 있는 동안 목을 축이고 손을 씻을 수 있어요.

"이제 각자 원하는 자리에 앉아도 좋아요."

아이들은 돗자리 위에 자리를 잡았어요. 삼삼오오 무리 지어 앉은 아이들은 금세 웃고 장난을 쳤어요.

미셀 선생님은 한 가지 이상한 점을 발견했어요. 남자아이들은 대부분 앞줄에 앉은 반면 여자아이들은 뒤에 남았어요. 특히 두 명의 소녀는 유난히 왜소하고 수줍음이 많았어요. 선생님은 그들에게 다가가 물었어요.

"이름이 뭐라고 했지? 선생님이 아직 이름을 다 못 외웠네."

"저는 카일라이고, 얘는 제 사촌 이파마예요."

여러 갈래로 땋은 머리에 노란 리본을 한 친구가 대답했어요.

보통 마을 사람들은 남자아이만 가르쳐도 된다고 생각해서 딸은 집에 남아 엄마를 돕거나 어린 동생을 돌보았어요. 그렇기에 학교에 오는 여자아이에게는 격려가 더욱 필요했어요.

선생님은 카일라와 이파마의 손을 잡고 맨 앞줄에 있는 자리를 가리켰어요.

"저 자리에서는 칠판도 잘 보이고, 선생님이 하는 말도 더 잘 들을 수 있을 거야."

카일라와 이파마는 서로 눈을 마주친 후 환하게 웃었어요. 지금까지 누구도 그들을 이토록 중요한 사람으로 대한 적이 없었으니까요.

"이 학교에서 여러분은 모두 동등해요. 어리든 나이가 많든, 남자든 여자든 말이에요. 여러분 모두 배우기 위해 이곳에 모였어요. 선생님이 당부하고 싶은 말은 수업을 어려워하는 친구가 있으면 더 잘 아는 친구가 도와주어야 한다는 거예요. 자, 이제 수업을 시작해 볼까요?"

전쟁에 맞서는 학교 프로젝트

중앙아프리카공화국은 세계에서 가장 가난한 나라 중 하나예요. 인구의 절반가량이 열네 살 미만의 아동이며, 다섯 명 중 겨우 한 명만 초등학교를 졸업하는 실정이에요.

북쪽에 위치한 파우아 지역은 몇 년 동안이나 계속된 끔찍한 내전으로 특히 생활이 어려워요. 긴 시간 동안 파우아 지역의 아이들은 학교에 갈 수 없었어요. 가족들은 집을 버리고 도망쳐 나와 숲이나 초원에 임시 거처를 만들어 살았어요.

이때 몇 개 구호단체에서 아이들이 있는 곳에 임시 학교를 만들기로 결정했어요.

미셸 선생님의 학교는 '코오피'(COOPI)라는 이탈리아 구호단체가 만든 프로젝트 중 하나예요. '숲속의 학교'라는 이름은 프랑스어 '에꼴 드 부루스'(écoles de brousse)에서 유래한 표현이에요. 중앙아프리카는 공용어로 프랑스어를 사용해요.

목표

5

남성과 여성 사이의
차별을 없애요

어떤 차별을
가장 많이 당할까요?

성차별이 빈부 격차, 종교의 다름, 피부색의 차이에 따른 차별보다 심하다고 해요. 이는 남자와 여자 사이에 권리의 불평등이 있음을 말해요. 나라마다 정도와 형태는 다르지만 성차별은 전 세계에서 찾아볼 수 있어요.

여자라는 이유로 교육을 받거나 사유 재산을 가질 권리를 빼앗기는 경우가 많아요. 또는 급여가 낮거나 직장에서 승진 기회에서 밀리기도 해요.

이런 차별은 여자들만의 문제가 아니에요. 권리의 불평등이 심각할 경우 나라의 경제 성장에 장애물이 되며, 사회 전체의 행복에 방해가 돼요. 그러므로 이는 모든 사람의 문제인 셈이에요.

♣ 스스로 결정할 수 없는 여성의 삶

어떤 나라에서는 여성이 자신의 미래를 스스로 결정할 수 없고 아버지의 뜻에 복종해야 해요. 남편이 될 사람을 가족이 결정하는 중매 결혼을 해야 하고, 심지어 성인이 되기 전에 결혼하기도 해요. 결혼 후에는 남편에게 복종해야 하고, 남편이 사망한 후에는 아들의 뜻에 따라야 해요.

이런 사회에서는 여성의 미래가 아내와 어머니로 사는 거라고 생각하는 경향이 크기 때문에 교육이 필요하지 않다고 여겨요. 그래서 여학생은 남학생보다 학교를 일찍 그만두게 돼요.

또한 여성이 토지를 소유하거나 자신의 은행 계좌를 가질 수 없는 나라도 있어요. 결혼 지참금이 아버지에게서 남편에게 바로 넘어가기 때문이에요. 뿐만 아니라 법정에서 여성의 증언은 남성의 증언보다 덜 인정되기도 해요.

♣ 직업에서의 불평등

여성은 정치·경제·문화의 발달이 앞선 선진국에서도 차별을 겪어요. 이런 나라에서도 요리와 집안일을 하고, 자녀와 노부모를 돌보는 일은 여성의 몫인 경우가 많아요.

선택이 필요한 상황에서 직업을 포기하는 사람도 거의 아내예요. 이 책을 읽는 여러분의 가정은 다를 수도 있겠지만요.

 직장에서도 여성의 급여는 남성에 비해 적은 경우가 많아요. 이는 전 세계에서 공통적으로 나타나는 차별이에요. 아이슬란드에서는 사업주가 남녀 직원에게 동일한 방식으로 급여를 지급하도록 하는 법을 만들어 여성이 급여에 있어 차별받지 않도록 법으로 보장하고 있어요.

 여성은 대기업의 임원이 되기도 어려워요. 흔히 '유리 천장'에 부딪힌다는 표현을 쓰는데 이 말은 능력이 뛰어난 여성도 단지 여자라는 이유로 경력을 가로막는 보이지 않는 경계선을 넘어서기 어렵다는 뜻이에요.

 정부 기관에도 남성보다 여성의 수가 적은 경우가 많아요. 그래서 어떤 나라에서는 여성 입후보자에게 일정 비율 이상의 자리를 할당하는 제도인 '여성 할당제'를 정했어요.

세부 목표

5

- 무상 돌봄과 가사 노동에 마땅한 가치를 부여해요.
- 정치·경제·공공 부문에서 여성의 참여를 독려하고, 의사 결정 과정에 동등하게 참여할 수 있도록 성비 균형에 대한 명확한 기준을 확립해요.
- 여성의 생식권에 대한 범위를 넓혀요. 이는 신체 건강뿐 아니라 정신적 건강, 성생활에 있어서 남녀간의 평등한 관계와 상호 존중을 포함해요.
- 사유 재산과 상속에 있어 여성에게 평등한 권리를 법으로 보장해요.
- 여성이 자신감을 갖고 사회에 참여할 수 있도록 돕는 기획 사업을 만들어요.
- 여성에 대한 나쁜 관습 특히 조혼, 할례, 강제 결혼 등을 없애요. 더불어 신체적, 성적, 심리적 고통을 주는 모든 형태의 폭력을 종식시켜요.

내가 할 수 있는 일은 무엇일까?

내가 남자이든 여자이든

- 하고 싶은 놀이를 자유롭게 선택해요. 남자 놀이와 여자 놀이가 따로 정해져 있지 않아요.
- 파란색이나 분홍색만 고집하지 말고 무지개처럼 다채로운 색을 선택해요.
- 내 꿈이 무엇이든 응원하며 도전해 봐요. 남자 일과 여자 일은 따로 있지 않아요.
- 세상을 바꾼 훌륭한 여성의 이야기를 담은 책을 찾아 읽어 보세요.

세상을 바꾼 여성들

미리암 마케바

남아프리카공화국 출신 가수예요. 1991까지 시행되었던 인종격리정책(아파르트헤이트)에 적극적으로 대항했어요.

어밀리아 에어하트

1932년 여성 최초로 대서양을 건넌 미국의 비행사예요. 이후 태평양 상공을 쉬지 않고 날아 하늘의 퍼스트 레이디라 불렸어요.

마리아 몬테소리

이탈리아의 교육자로 권위주의적 교육에 반대하고 어린이의 권리를 존중했어요. 어린이의 자유와 창의력을 기반으로 한 그녀의 교육법은 세계적으로 많이 따르고 유명해요.

말랄라 유사프자이

여성의 교육과 권리를 위해 싸우는 파키스탄 출신 인권 운동가로 2014년에 노벨 평화상을 받았어요. 열다섯 살 때 학교를 다닌다는 이유로 근본주의자 테러리스트의 총에 맞아 목숨을 잃을 뻔한 적도 있었어요.

아르테미시아

17세기 이탈리아의 천재 화가예요. 당시는 가부장적 사회여서 여성이 집 밖으로 나가 교육을 받을 수 없었어요. 그래서 고대 화가들의 작품을 참고할 수조차 없었다고 해요.

히파티아

기원후 4세기에 이집트 알렉산드리아에 살았어요. 수학, 천문학, 철학을 공부했고 매우 훌륭한 교사였어요. 수업 시간 동안에는 남자 교사들과 같은 가운을 입었어요.

마리 퀴리

19세기 폴란드에서는 여성들이 대학을 다닐 수 없었기에 파리로 이주했어요. 물리학 분야에서 노벨상을 수상한 최초의 여성이며 화학 부문에서 또 한 번 노벨상을 받았어요.

에멀린 팽크허스트

영국의 사회 운동가로 20세기 초에 여성 참정권을 위해 싸웠어요. 결국 영국에서는 1928년에 여성의 참정권을 인정했어요.

여성에게도 투표할 권리를 달라!

로사 파크스

아프리카계 미국인 시민권 운동가예요. 1955년, 버스에서 백인 전용 좌석에 앉아 일어서기를 거부했어요. 그녀의 행동은 기나긴 시위 끝에 대중교통에서 백인과 흑인의 좌석 분리가 폐지되도록 만들었어요.

리고베르타 멘추

과테말라에서 태어난 그녀는 원주민 보호에 힘쓴 공로로 1992년에 노벨 평화상을 받았어요. 현재는 지속가능한 발전을 위해 활동하고 있어요.

소녀 럭비 팀

"오늘 시합은 정말 굉장할 거야! 잠이 안 와서 어젯밤에는 응원가를 쓰고 앉아 있었다니까."

닐자는 기쁨을 주체하지 못하며 말했어요.

"너희 엄마는 벌써 응원가 가사까지 다 외우셨겠다, 그치?"

친구 에트나가 미소 지으며 말했어요.

모잠비크의 수도인 마푸투에 럭비 팀이 생겼어요. 닐자의 엄마가 일등 후원자이고, 이레네 선생님과 에트나의 엄마도 이 팀을 열성적으로 도왔어요.

카르멘의 식구는 모두 일곱이에요. 부모님과 오빠 셋, 그리고 여동생과 살아요.

"왜 집안일을 내가 혼자 다 해야 해요? 설거지에 화장실 청소, 마당도 쓸고 빨래까지 해야 하다니!"

"카르멘, 그만해. 네가 해야 할 일인 거 알잖아."

엄마가 말했어요.

"그게 왜 제 일이에요? 오빠들도 할 수 있잖아요? 오빠들이 안 하면 저도

안 할래요."

"그만하지 못하겠니? 이제부터 럭비 훈련도 금지야."

카르멘은 울면서 여동생과 함께 쓰는 방으로 달려갔어요.

"노아야, 너도 더 크면 나처럼 온갖 궂은일을 해야 해. 럭비 같은 스포츠를 할 시간이 없어."

노아도 이런 차별을 조금씩 느꼈기에 언니를 위로했어요.

"나라면 이레네 선생님과 상의해 보겠어. 선생님은 언니를 도와줄 수 있을 거야."

다음 날 카르멘은 학교에서 이레네 선생님을 찾아갔어요.

"저는 지금 벌을 받는 중이라 더 이상 훈련하러 올 수 없어요. 럭비를 계속 하고 싶은데 선생님께서 저희 엄마를 설득해 주실 수 있을까요?"

"그래, 엄마를 만나 볼게. 그런데 무슨 일로 벌을 받는 거니?"

"오빠들도 집안일을 도왔으면 좋겠다고 엄마에게 말씀드렸는데 이런 행동이 저희 집에서는 절대 용납되지 않아요!"

이레네 선생님은 럭비 팀의 후원자인 닐자와 에트나의 엄마들과 함께 카르멘의 집을 찾아갔어요.

카르멘의 엄마는 격앙된 목소리로 말했어요.

"제 딸을 어떻게 해야 할지 모르겠어요. 운동을 열심히 하는 건 좋은데 집안일을 잘 안 하려고 해요. 딸이 안 하면 누가 절 돕나요?"

닐자의 엄마가 말했어요.

"현실이 어떤지는 우리도 잘 알아요. 하지만 그렇다고 바뀌지 말라는 법은 없어요. 우리도 젊었을 때 꿈이 참 많았잖아요? 저는 제 딸이 자유롭게 자랐으면 좋겠어요. 자신의 미래를 스스로 결정할 수 있기를 바라고요. 럭비는 우리 딸들이 누리는 최소한의 자유예요. 어디서 그렇게 신나게 뛰겠어요?"

에트나의 엄마도 거들었어요.

"솔직히 아들이 한 번씩 집안일을 돕는 것도 나쁠 게 없잖아요? 보다 괜찮은 남편과 아빠가 되는 법을 배울 테니까요."

카르멘의 엄마는 잠시 생각한 후 말했어요.

"좋아요. 하지만 버릇없이 말하는 건 좀 혼나야 해요."

노아는 엄마 곁에서 아무 말 없이 듣고 있다가 조심스럽게 말을 꺼냈어요.

"엄마, 저도 럭비를 하고 싶어요."

마푸투 럭비 클럽 프로젝트

이레네 선생님이 마푸투 외곽에 사는 어린이들을 위한 럭비 팀을 만들 때 팀의 80%가 여자아이들일 거라고는 상상도 못 했어요.

모잠비크는 가부장적 사회로 여자들의 역할은 주로 집안일을 도맡아 하는 거예요. 그럼에도 불구하고 많은 소녀들이 어머니의 성원에 힘입어 남자들의 스포츠로 여겨지는 운동을 할 권리를 갖게 되었어요.

그렇게 럭비는 소녀들 교육의 매우 중요한 부분이 되었어요. 마푸투 럭비 클럽은 이탈리아의 스포츠 단체인 '럭비오'(RugBio)의 도움으로 팀을 조직하여 경기해요. 럭비오는 선수들의 훈련과 시합뿐 아니라 영어 교육과 학교 성적도 관리해요. 운동을 한다고 공부를 소홀히 하면 안 되니까요.

럭비 클럽을 중심으로 소녀들과 그들의 가족 그리고 지역 전체를 참여시키는 진정한 공동체가 형성된 거예요.

이레네 선생님은 선수들이 "저는 럭비 선수예요."라고 당당하게 말할 때 무척 기쁘고 뿌듯하다고 해요.

6

깨끗한 식수를
마실 수 있도록 해요

사람이 생존하려면
하루에 약 50리터의 물이 필요해요

　세계보건기구는 인간이 마시고, 요리하고, 청결한 상태를 유지하는 데 하루에 약 50리터의 물이 필요하다고 발표했어요. 이건 마음껏 쓰는 게 아닌 최소한으로 필요한 양이에요.

　그런데 지구에 사는 수백만 명의 사람들이 충분한 물을 소비할 수 없어요. 세계 인구의 40% 이상이 필요한 물을 조달하는 데 어려움을 겪고 있어요.

　주거지에 식수 시설이 없어 우물이나 강에서 물을 길어 오려면 수십 킬로 미터를 걸어서 다녀와야 해요. 이런 일은 대부분 여자와 아이들의 몫이에요.

　또한 물이 깨끗하지 않아 질병에 걸리기도 해요.

♣ 왜 물은 점점 더 부족한 걸까요?

지구의 어떤 지역들은 기후 때문에 이미 수천 년 전부터 메마른 상태예요. 물 부족 현상은 점점 광범위하게 퍼져 큰 문제가 되고 있어요.

이런 현상의 가장 큰 원인은 지구 온난화로 반사막 지대(사막보다 덜 건조한 지역)가 점차 확장된다는 거예요. 이런 곳들은 대개 빈곤한 지역들인데, 그곳에 사는 사람들은 더 이상 살지 못하고 마을을 떠날 수밖에 없어요.

또 다른 원인은 세계 인구의 증가예요. 세계 인구는 해마다 약 8천만 명씩 증가하고 있어요. 이들에게 물이 공급되려면 물의 양도 1%씩 증가해야 하지요.

인구와 더불어 다양한 산업과 에너지 생산 등 경제 활동도 함께 성장하고 있어요. 특히 농업과 축산업은 지구에 있는 민물의 70%를 소비해요.

많은 나라에서는 도시 하수를 정화하는 시설이 없거나 상수도 균열과 누수로 인하여 물이 낭비되기도 해요.

♣ 물 부족을 해결하는 방법은 무엇일까요?

인간은 마실 수 있는 물의 수원지(물이 흘러나오는 근원이 되는 곳)를 다양한 방법으로 찾아 이용하고 있어요.

어떤 나라에서는 강의 흐름을 바꿔 새로운 운하로 물을 흘러들게 하거나,

댐으로 막아서 인공 호수를 만들었어요. 안타깝게도 이러한 방법들은 환경 파괴를 일으키기도 했으며 지역 주민들에게 불편함을 끼쳤어요.

같은 강을 공유하는 나라들끼리 분쟁이 생기기도 했어요. 또 다른 곳에서는 몇몇 부유한 나라들이 마실 수 있는 담수를 만들기 위해 바닷물에서 염분을 제거하는 값비싼 시설을 만들었어요.

한편 물이 부족하고 식수 시설이 없는 고립된 지역의 사람들을 돕기 위해 우물을 파서 지하에 있는 깨끗한 물을 지상으로 끌어올리는 방법이 가장 많이 사용되고 있어요.

세부 목표

6

- 모든 사람이 깨끗하고 값싼 식수를 마실 수 있도록 보장해요.
- 모든 사람이 보건 위생 시설을 이용할 수 있도록 해요.
- 수원지 근처에 오염 물질과 쓰레기가 없도록 해요.
  산업 및 축사 시설 폐기물을 무단으로 버리지 않도록 감시하여
  수질 오염을 예방해요.
- 강, 호수, 숲 등 물과 관련된 생태계를 보호해요.
- 각 지역 공동체가 물을 관리하여 물 낭비가 없도록 해요.

내가 할 수 있는 일은 무엇일까?

- 이를 닦는 동안에는 수도꼭지를 잠갔다가 컵에 물을 받아 입을 헹궈요.
- 화분에 물을 저녁에 주도록 해요. 낮보다 물이 천천히 증발해요.
- 탕에 물을 받아 하는 목욕 대신 샤워를 해요. 물을 절약할 수 있어요.
- 물이 새지 않도록 수도꼭지를 꼭 잠가요.

돌고 도는 물의 순환

강수
구름이 무거워지면 강수(비, 눈, 우박 등) 형태로
떨어져요. 구름 속 얼음 알갱이가 녹지 않은 채
로 떨어지면 눈이 돼요.

바다와 대양
지구상에 존재하는 물의 97%는 바다와 대양
에 있어요. 해수면은 기온이 낮을 때는 내려가
고, 반대로 기온이 높으면 올라가요.

해류
대양에서 해류는 거대한 양의 물을 움직여요.
해류에는 차가운 흐름인 한류와 따뜻한 흐름인
난류가 있어요. 난류는 기후를 따뜻하게 해요.

지하수
물의 일부는 땅속으로 스며들어 지하수층에
대량으로 쌓여요. 이러한 물이 출구를 찾으면
샘으로 솟아올라요.

구름

물이 증발하여 수증기가 되어 차가운 공기를
만나면 응결하여 물방울이 만들어져요. 그리
고 그 물방물들이 모여 구름이 돼요.

증발

태양열로 인하여 강과 호수, 바다와 대양에
모인 물의 일부는 대기 중에 증발해요.
증발이란, 어떤 물질이 액체 상태에서
기체 상태로 변하는 현상을 말해요.

빙하

북극이나 남극(90%는 남극에 있음) 혹은 아주
높은 산에서 찾아볼 수 있어요. 봄과 여름에 눈
과 얼음이 녹아 하천에 물을 공급해요.

식물

지표면과 가장 가까이 있는 지하수는 식물의
뿌리를 통해 흡수돼요. 그리고 잎의 수분 발산
작용으로 대기 중에 증발해요.

킴과 아홉 마리의 용이 사는 강

"얘들아, 서둘러! 어서 준비하고 나가야 해."

엄마는 남매인 킴과 콴에게 함께 시장에 가자고 했어요. 오늘은 둘 다 학교에 가지 않는 날이거든요.

킴의 가족은 베트남의 메콩강 가까이에 살아요. 메콩강은 세계에서 가장 긴 강 중 하나예요. 하구 근처에서 아홉 개의 줄기로 갈라져서 '아홉 마리의 용이 사는 강'이라 불려요.

아빠는 배를 타고 밤에 고기를 잡으러 나가고, 엄마는 새벽에 수상 시장으로 가서 싱싱한 생선과 밭에서 직접 기른 채소를 팔아요. 강과 물길이 풍성한 이 지역에서는 시장도 물 위에서 열린답니다. 강 근처에 살고 있지만 이 마을 사람들에게 식수는 심각한 문제예요.

킴은 매일 아침 학교에 가기 전, 강에서 물을 두 통 떠와야 해요. 그런데 이 물은 꼭 끓여서 마셔야 해요.

오늘도 킴과 콴은 어제 저녁에 끓여 놓은 물을 마셨지요.

"자, 출발하자!"

엄마는 생선과 야채가 가득 실린 수레를 끌었고, 아이들은 옆에서 함께 밀었어요.

배들이 정박한 부두는 집에서 약 1킬로미터 정도 떨어져 있어요. 세 식구가 도착하자 강가는 이미 사람들로 북적였어요. 장사를 시작하기 전에 물건을 수레에서 배로 옮긴 다음 종류와 색깔별로 가지런히 정리해야 해요.

"킴, 생선을 바구니에 넣어 뱃머리 쪽에 갖다 놓으렴. 그 옆에 허브 다발도 놓고."

이곳 상인들은 이렇게 팔 물건을 장식해요.

해가 질 무렵 대부분의 상품이 팔렸어요.

"킴, 지금 뭐가 남았지?"

"생선 두 마리와 새우, 야채가 조금 남았어요."

"남은 걸로 저녁에 수프를 만들어 먹으면 되겠다. 이제 집에 돌아가자."

집에는 아빠가 지역 공무원과 유럽에서 온 청년들과 함께 있었어요. 이들은 마을 사람들이 깨끗한 물을 얻을 수 있도록 우물을 파는 단체에 소속된 사람들이었어요.

"이분들은 빅터, 한나, 라우라란다."

아빠가 소개했어요.

"안녕하세요. 금방 저녁 식사를 준비할게요. 얘들아, 엄마 좀 도와주렴."

킴과 콴은 쌀국수 재료를 준비하는 동안 즐겁게 수다를 떨었어요.

식사를 하면서 세 청년은 프로젝트에 대한 이야기를 이어 갔어요.

"우물을 파면 물 펌프가 계속 작동하도록 유지하고 수리할 줄 아는 사람이 필요할 거예요. 남자뿐 아니라 여자와 청년을 대상으로도 간단한 유지 보수 교육을 해야겠어요."

"개회식도 할 거예요. 마실 수 있는 깨끗한 물과 맛있는 음식, 그리고 음악도 준비해야지요!"

말을 마치자마자 한 청년이 바이올린을 꺼내 들고는 연주를 시작했어요.

바이크4워터 프로젝트

메콩강 삼각 지대는 물이 풍부한 지역이지만 수도 시설이 없어요. 그래서 이곳 주민들은 주변에 있는 인공 수원지에서 물을 퍼 날라 썼어요.

하지만 관리된 깨끗한 물이 아니었기에 다양한 질병을 유발하는 바이러스와 박테리아, 기생충이 있었고, 심지어 강에 버려진 산업 폐기물로 인하여 위험한 화학 성분이 발견되기도 했어요.

그래서 스위스의 비영리 민간단체 '에스페랑스 악티'(Espérance ACTI)는 이곳 주민들을 위해 약 천 개의 우물을 파기로 계획했어요.

이를 지원하기 위해 '바이크4워터'(Bike4Water) 프로젝트가 만들어졌어요. 자전거가 우물을 파는 데 어떤 도움이 되는 걸까요?

버려진 자전거를 에스페랑스 악티에 기증하면 그걸 자원봉사자들이 수리하여 재판매를 했어요. 그리고 그 수익금을 베트남 우물 사업에 투자하고 있어요.

그냥 두었다면 쓰레기가 될 폐자전거가 사람을 살리는 생명의 물이 되는 놀라운 프로젝트를 사람들은 응원하고 있어요.

7

목표

지속가능한 에너지를
사용할 수 있도록 해요

에너지는 곧 생활이에요

우리가 가정과 일터에서 사용하는 전기는 대표적인 에너지 중 하나예요. 공간을 따뜻하게 하고, 교통수단도 움직이지요. 또한 먹거리를 생산하는 농업뿐 아니라 물건을 만드는 산업에도 에너지가 필요해요.

하지만 지구촌 사람 다섯 명 중 한 명은 에너지를 사용하는 데 어려움이 있어요.

여러분이 하루 동안 하는 활동을 떠올려 보세요. 그런 다음 전기가 없다고 상상해 보세요. 텔레비전 시청하기, 비디오 게임 하기, 인터넷에 접속하기…… 전부 불가능해요! 세탁기나 냉장고 등 다른 가전 기기도 사용할 수 없고, 밤이 되어도 도시에 조명이나 간판, 신호등조차 켤 수 없어요.

에너지는 우리가 생활하는 데 없어서는 안 되는 중요한 요소예요.

♣ 에너지는 재생되어야 해요

지속가능한 에너지원은 고갈되지 않고 계속해서 재생되어야 해요.
우리는 다양한 곳에서 에너지를 얻을 수 있어요.

- 물(수력 발전과 조류 발전)
- 태양(태양 에너지)
- 바람(풍력 에너지)
- 땅속의 열(지열 에너지)
- 음식물 쓰레기나 가축의 배설물(바이오매스 에너지)
- 화석 연료(석탄, 석유, 천연가스)
- 우라늄(원자력)

이 가운데 일부는 계속해서 재생이 가능하고, 어떤 것들은 한정된 양만 있어 과도하게 소비하면 다 써 버리게 돼요.

예를 들어 수력 발전은 지구의 물이 계속해서 순환하므로 재생 가능해요. 바람이 만들어 내는 풍력 에너지도 계속해서 생산할 수 있어요. 반면 석탄과 석유는 지구에 한정된 양만 존재하고 다시 만들어지려면 수백만 년이 걸릴 거예요.

♣ 에너지는 낭비가 없어야 해요

전기 에너지는 전력망을 통해 공급돼요. 이때 안전하고 효율적으로 공급해야 하고, 사용자는 전기가 낭비되지 않게 절약하여 사용해야 해요.

어떤 도시에 전력망이 제대로 되어 있지 않거나 좋지 않은 전력망을 사용하는 경우, 낭비되는 전기가 많아서 사람들이 사용할 전기는 별로 없게 돼요.

이처럼 우리는 가정에 배선이 설비 규정에 따라 되어 있는지 확인하고 가능하면 전력 소모량이 적은 LED 조명을 사용해야 해요.

♣ 에너지는 깨끗해야 해요

에너지 생산은 지구 온난화의 주범 중 하나예요. 석탄이나 석유 같은 에너지원은 온실 기체를 방출해서 지구 표면 위에 열을 붙들어요. 바다 또한 석유를 실어 나르는 배들의 사고로 기름이 유출되어 오염되는 경우가 종종 있어요.

에너지를 생산하는 일이 환경을 해치는 일이 되어서는 안 돼요. 우리는 오염을 일으키지 않는 에너지 자원을 사용해야 해요. 그리고 에너지를 생산하는 시설이 동물을 서식지에서 몰아내거나 지역 주민이 거주지를 떠나게 되는 것처럼 생태계에 부정적인 영향을 미치지 않아야 해요.

세부 목표

7

- 모든 사람들이 편리하고 안전한 에너지를 사용할 수 있도록 해요.
- 신재생 에너지의 비중을 높이고, 지속가능한 에너지 연구와 개발에 투자를 늘려요.
- 에너지 효율성을 높이는 기술을 발전시켜요.
- 기술이 앞선 선진국이 개발 도상국에 에너지망을 개선할 수 있도록 신기술을 공유해요.

내가 할 수 있는 일은 무엇일까?

- 외출하거나 사용하지 않을 때는 방의 불을 꺼요.
- 사용하지 않는 동안 각종 전기 기기(컴퓨터, 텔레비전 등)의 전원을 꺼요.
- 가까운 거리는 걷거나 자전거를 이용하고, 시간이 부족하거나 좀 더 먼 거리를 이동할 때는 대중교통을 이용해요.

다양한 에너지원

바람

풍력 발전기는 바람이 많이 부는 지역에 설치돼요. 기다란 기둥에 날개가 달린 형태예요. 바람이 날개를 회전시켜 에너지를 만들어요.

태양

태양 에너지는 두 가지 방법으로 활용할 수 있어요. 태양열 에너지로는 난방과 온수를, 태양광 에너지로는 전기를 생산할 수 있어요.

바이오매스

바이오매스는 식물이나 미생물 등을 이용한 에너지로 재생 가능해요. 농업, 축산업, 그리고 목재에서 나온 폐기물을 태워 에너지를 생산해요.

물

물이 낙하할 때 발생하는 힘을 이용하여 터빈을 작동시켜 전기를 생산해요. 또한 밀물과 썰물을 통한 조류의 흐름을 활용해 전기를 생산하기도 해요.

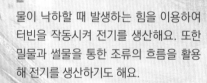

재생 가능한 에너지원이 있고, 재생 불가능한 에너지원이 있어요.

석탄
지질 시대의 식물이 오랜 시간 땅에 묻혀 열과 압력을 받아 만들어진 암석이에요.

지열
땅속에 있는 고온의 지하수나 수증기를 끌어올려 물을 데우거나 전기를 생산하는 데 사용해요.

우라늄
원자력 발전소에서 사용하고 있으며 그 자체로는 오염성이 강하지 않아요. 하지만 사고가 날 경우 방사능 폐기물 유출 때문에 매우 위험해요.

천연가스
석유와 함께 땅속에 매장되어 있는 기체 상태의 가스를 비롯하여 자연적으로 만들어지는 온천가스, 화산가스, 메탄을 포함해요.

석유
세계 에너지의 $\frac{1}{3}$을 생산해요. 해양 생물이 수백만 년 동안 땅속에 파묻혀 열과 압력을 받아 만들어졌어요.

우리 동네에도 전기가 들어와요!

"마마두, 그만 놀고 들어오렴. 조금 있으면 날이 어두워져!"

한여름에도 세네갈에는 해가 빨리 져서 엄마는 마마두가 저녁에 돌아다니지 않도록 했어요.

마마두의 가족이 사는 마을은 수도 다카르에서 멀리 떨어져 있어서 전기가 들어오지 않아요. 그래서 해가 지면 길이 아주 깜깜해요.

하는 수 없이 마마두는 친구들과 헤어져 집으로 돌아갔어요.

저녁 식사 때 마마두는 오늘 들은 소식을 이야기했어요.

"이장님을 만나러 이탈리아에서 사람들이 왔대요. 바오바브나무 아래서 식사하는 모습을 친구들과 봤어요."

여동생 마리아마가 호기심 가득한 눈빛으로 물었어요.

"우리 마을에는 무슨 일로 왔을까? 관광객 아니야?"

"아닌 것 같아. 이장님이 그 사람들을 데리고 마을을 한 바퀴 돌면서 우물, 매점, 보건소 앞에 멈춰 서서 이야기를 나누더라고. 그 사람들은 조만간 다시 오기로 약속했어."

"오빠! 그 사람들이 다시 왔어!"

마리아마가 큰 목소리로 마마두를 불렀어요.

이탈리아 사람들은 이장님을 만나서 마을 지도를 펼쳤어요. 지도에는 이상한 도형들이 표시되어 있었어요.

이들이 왔다는 소문이 났는지 마을 사람들이 모여들었어요.

이곳에도 곧 전기가 들어올 거래요. 시끄러운 디젤 발전기가 아닌 태양 에너지를 이용해서요.

이장님이 마을 사람들에게 말했어요.

"우리 동네에서 곧 '리터 오브 라이트'(Liter of Light) 사업을 시작할 겁니다. 플라스틱 병을 재활용하여 도로에 가로등을 설치하는 사업이에요. 며칠 후에 시작될 예정이니 모두 이분들에게 협조해 주세요."

이탈리아 청년 중 한 명이 말을 이었어요.

"설치 작업과 동시에 강의도 시작할 거예요. 남녀노소 모든 분들을 대상으로 하는 강의입니다. 사업이 끝나면 전등을 유지 보수하는 일은 여러분 몫이 될 거니까요!"

이장님은 덧붙여 말했어요.

"밤에도 어디든 환한 불빛이 어둠을 밝힐 거예요. 이 청년들 덕분에, 그리고 모든 사람들의 수고로 우리 마을을 살기 좋은 곳으로 만들 겁니다!"

마마두와 마리아마뿐 아니라 마을 주민들 모두 기뻐하며 박수를 쳤어요.

마마두는 동생에게 속삭였지요.

"이제 친구들과 늦게까지 놀 수 있겠어! 신난다!"

리터 오브 라이트 프로젝트

전기가 들어오지 않는 지역에 재활용 플라스틱 병을 이용하여 빛을 밝히는 이 놀라운 아이디어는 브라질의 전기 기술자이자 발명가인 알프레도 모저가 발명했어요.

그는 지붕에 구멍을 뚫고 그 자리에 물과 표백제를 채운 플라스틱 병을 설치했어요. 그렇게 하면 지붕에 비가 새지 않을 뿐더러 표백제 덕분에 녹조도 생기지 않지요. 플라스틱 병은 태양광을 반사하여 빛을 내기 때문에 전기가 없어도 어두운 집 안을 밝힐 수 있어요.

'마이 셸터 파운데이션'(My Shelter Foundation)이라는 필리핀의 한 단체는 이 사업을 한층 발전시켰어요. 태양광 패널과 배터리, 그리고 LED로 태양광을 모아서 밤에도 가정과 도로를 환하게 밝히는 장치를 만들었어요. '리터 오브 라이트 엣 나이트'(Liter of Light at Night)라 불리는 이 사업은 '밤을 밝히는 수십 리터의 빛'이라는 뜻이에요.

이 사업은 지역 공동체 전체가 동참할 수 있어요. 그래서 지원 단체가 철수하더라도 장치를 관리하고 수리할 줄 아는 사람이 많아서 지속가능해요. 또한 태양 에너지를 이용하는 거라 무료로 사용할 수 있어요.

8 목표

양질의 일자리를 보장하고 보장하고 경제 성장을 이루어요

노동은 인간의 권리예요

지구촌의 모든 성인에게는 일을 하여 자신과 가족의 생계를 책임질 기회가 있어야 해요.

그러나 안타깝게도 세계 곳곳에는 실업자, 즉 일을 할 수 있고 일하기를 원하지만 취업할 곳을 찾지 못하는 이들이 많아요. 전 세계 실업자 수는 2억 명이 넘고 이들 중 대부분이 청년이에요.

그리고 현재는 학교를 다니고 있지만 몇 년 후에는 일할 나이가 되어 노동 시장에 진입하게 될 청년들이 있어요. 이들은 미래의 '인적 자원'이에요. 그래서 경제학자들은 가까운 미래에 5억 개의 새로운 일자리가 필요할 것으로 예측했어요.

♣ 품위 있고 지속가능한 노동

직업이 있어도 가난에서 벗어나지 못하는 경우가 많아요. 그 이유는 많은 노동자들이 저임금을 받으면서 혹사당하거나 안정된 일자리가 아니어서 살아가기에 충분한 임금을 보장받지 못하기 때문이에요.

여성 노동자는 더 힘든 상황이에요. 선진국을 비롯한 거의 모든 나라에서 여성은 남성과 동일한 직무를 하면서도 보수를 더 적게 받는 경우가 대부분이거든요. 그러므로 양질의 일자리뿐 아니라 남성과 여성이 공평하게 정당한 임금을 받는 것 역시 중요해요.

또한 노동자들의 자유와 권리가 존중받는 일이어야 해요. 나아가 노동자들의 작업 환경과 건강을 살피는 일도 소홀하면 안 돼요.

더불어 첨단 기술의 도움을 받을 수 있는 노동 환경이라면 열린 태도를 갖고 받아들여야 해요. 그래서 노동자들이 좀 더 여유를 갖고 일할 수 있도록 해야 해요.

♣ 미성년자 노동

어떤 나라에서는 어린이의 노동이 허용되고 있어요. 법으로는 금지되어 있지만 당국에서 묵인하는 것이지요.

여기서 말하는 노동은 집안일을 돕거나 방학 기간에 이웃의 일을 도와

주는 것이 아니에요. 이런 건 오히려 긍정적인 경험이 되어 문제될 게 없어요. 그런데 극심한 빈곤 상황에서는 가족이 먹고 사는 데 조금이라도 보탬이 되기 위해 어린이에게도 일을 시켜요. 안타깝게도 매우 적은 돈을 받는 경우가 대부분이에요.

노동은 어린아이들에게 평온한 유년 시절을 빼앗아 가요. 친구와 놀거나 학교에 갈 수 없을뿐더러 건강과 성장에도 문제가 생겨요. 때로는 매우 위험할 수도 있고, 오랫동안 가족과 떨어지기도 해요.

세부 목표

8

- 경제가 성장할 수 있도록 도와요.
- 청년들의 일자리 창출을 위해 힘써요. 그리고 여성, 장애인 등 취약 계층의 고용 문제에 대해 특별히 주의를 기울여요.
- 동일한 가치를 지닌 노동에는 동일한 보수를 지급해요.
- 미성년자 노동을 폐지해요.
- 노동 과정에서 발생할 수 있는 사고를 최대한 줄여요.
- 소상공인과 중소기업의 창업과 성장을 장려해요.
- 지역 상품과 문화를 널리 알리고, 지속가능한 관광 분야에 일자리를 장려해요.

내가 할 수 있는 일은 무엇일까?

■ 부모님이 하시는 일에 대해 알아보아요. 하는 일의 장점과 개선하고 싶은
  점은 없는지 여쭤 보세요.

■ 미래의 내 직업을 상상해 보세요. 무엇이 되고 싶은지 생각해 보고 일하는
  나의 하루를 상상해 봐요.

■ 다른 사람들의 일을 존중해요. 그리고 내 주변의 사람들, 이를테면 선생
  님, 아파트 경비원, 환경 미화원 등에게 감사하는 마음을 가져요.

지구의 안녕을 위하는 직업

폐기물 관리 전문가

분리수거를 계획하고 조정하는 일을 담당해요. 폐기물 가운데 가능한 건 재활용하고, 불가능한 것은 소각로로 보내요.

산림 경비원

보호 지역의 동식물을 보살피고 생물 다양성을 지키는 일을 해요. 그 밖에 방문객들을 안내하거나 환경 교육을 진행해요.

기후학자

장기간에 걸친 기상 요소(기온, 강수, 바람)를 연구하여 특정한 지역의 기후를 정의하고 그 변화를 예측해요.

미생물학자

전염병을 분석하고, 음식, 물, 약품을 검사하여 사람들에게 질병을 일으키는 미생물(박테리아, 곰팡이, 바이러스)을 연구해요. 이 연구로 사람들의 건강을 지켜요.

화산학자
화산 활동을 연구해요. 위성과 현대
기술을 활용하여 다음 화산 분화가
언제 일어날지 예측해요.

에너지원 전문가
산업과 주거지에 재생 가능한 에
너지를 생산하는 시설을 설치하거
나 계획하는 일에 참여해요.

자전거 수리공
자동차 사용을 줄이고 자전거를
사용하면 환경 오염을 줄이는 데
도움이 돼요. 앞으로 자전거 도
로도 더 많아질 것이기 때문에 이
직업은 갈수록 유용할 거예요.

원예가
밭을 경작하여 신선하고 건강한 식재료를 생산해요.
이 직업을 선택하여 우리 식탁에 유기농 음식을 공
급하는 청년들이 점점 증가하고 있어요.

녹지 설계자
정원과 녹지, 공원을 기획하는 일을
해요. 이 직업 종사자는 식물, 토질
그리고 관개 기술에 대해 잘 알고 있
어야 해요.

해양학자
바다와 대양을 연구해요. 사람들에
게 해양 자원의 올바른 사용과 기후
변화 그리고 환경 오염의 위험성을
환기시켜요.

학교에 가게 된 아우렐리오

"아우렐리오, 일어나렴."

아니타는 해먹에서 자는 아들을 깨웠어요.

아니타는 홀로 아이를 키우며 아르헨티나와 국경이 맞닿은 볼리비아 남부에 있는 베르메호라는 도시에 살아요. 4년 전, 남편은 돈을 벌러 아르헨티나로 이민을 갔어요. 남편이 돈을 보내 주기는 했지만 가족을 먹여 살리기에는 충분하지 않았어요. 그래서 장남인 아우렐리오는 여섯 살 때부터 사탕수수밭에서 일을 시작했어요.

"엄마한테 오렴. 안디로바 오일을 발라 줄게."

안디로바는 아마존 숲에서 자라는 식물이에요. 씨앗에서 추출한 오일을 바르면 벌레에 물리지 않아요. 하지만 사탕수수 밭에서 일하다 보면 벌레 외에도 뱀에 물릴 위험도 있고, 일사병으로 쓰러질 수도 있어요.

사탕수수를 베는 도구인 마체테를 다루는 일도 매우 위험해요. 아우렐리오도 한 번 다친 적이 있어요. 아들이 피를 흘리며 이웃 사람에게 안겨 오는 모습을 보고 아니타는 큰 충격을 받았어요.

　아니타는 아우렐리오를 일터에 보내고 싶지 않았지만 아들이 벌어 오는 얼마 되지 않는 돈마저 가족이 생활하는 데는 꼭 필요했어요.

　아니타는 아우렐리오에게 밀짚모자를 씌워 주며 잘 다녀오라고 인사했어요.

　오늘은 사탕수수노동자협회에서 아니타의 집을 방문했어요.

　"아니타 씨, 안녕하세요!"

　이지도로 아저씨는 우렁찬 목소리로 인사했어요. 이곳의 삶은 매우 고되기 때문에 아저씨는 자신의 임무 중 하나가 미래에 대한 희망을 가져다주는 것이라고 생각했어요.

"아우렐리오의 입학 등록을 마쳤습니다. 성탄절 연휴가 끝나고 새해가 시작되면 학교에 다닐 수 있어요. 글을 읽고 쓰는 법을 배우게 될 테지요. 기쁘시지요?"

"네, 너무 기뻐요. 하지만 교과서와 공책을 살 돈이 없고, 마냥 학교만 다닐 수도 없어요. 저희 가족에게는 아우렐리오가 벌어 오는 돈이 필요해요. 남편이 보내오는 돈으로는 겨우 아이들과 먹고사는 정도거든요."

아니타는 걱정스런 목소리로 말했어요.

"걱정 마세요. 아우렐리오가 학교를 다니는 동안에는 매월 약간의 후원금을 받을 수 있어요."

아니타는 마침내 안심하며 환하게 웃었어요. 아우렐리오가 사탕수수 농장에서 돌아오면 맛있는 저녁 식사와 축하할 깜짝 소식이 기다리고 있을 거예요!

등교는 YES, 출근은 NO 프로젝트

　미성년자의 노동을 폐지하기 위해 전 세계 다양한 국제기구들은 주민들 사이에서 자발적으로 만들어진 지역 단체와 협력해요. 볼리비아의 사탕수수 농장에서는 사탕수수노동자협회가 활발하게 활동해요.

　사탕수수노동자협회는 어린이와 청소년들의 노동은 법에 위배되고 그들의 기본적인 권리를 침해하기 때문에 미성년자에게 일을 시키면 안 된다고 강력하게 주장해요. 협회에서는 아이를 농장에 보내는 가정을 방문하여 자녀를 학교에 보내는 것의 중요성과 일을 계속할 경우 아이들의 건강 문제를 설명해요.

　이 프로젝트는 볼리비아 노동부와 유니세프의 후원으로 진행되고 있어요. 유니세프는 아동의 권리를 옹호하는 국제기구이며 농장에 대한 감시를 기획해요. 또한 각 지역 자치 단체에 보조금을 지원하여 도움이 필요한 아이들이 학교와 병원을 다닐 수 있게 해요. 그리고 부모가 자녀를 일터에 보내지 않도록 후원금도 지원하고 있어요.

목표

9

지속가능한 산업화를
증진시키고 사회 기반 시설을
확대해요

사회 기반 시설이 무엇일까요?

각종 생산 활동(농업, 산업)의 기반이 되는 시설을 비롯하여 우리의 일상 생활에 반드시 필요한 서비스 연결망(전기, 운송, 수도)을 사회 기반 시설이라 불러요. 도로와 철도, 정보 통신망, 도서관, 유치원 및 학교, 공공 보건 의료 기관 등이 사회 기반 시설에 해당하지요.

만약 어떤 공장에 효율적으로 구성된 기반 시설이 없다면 제품 생산이 어려울 거예요. 공장에 필요한 물과 전기를 사용하지 못하고, 정보를 얻고 소통하기 위해 인터넷에 접근하지 못할 거예요. 또한 잘 조직된 교통망이 없어 원료를 전달받거나 판매할 상품을 배달할 수 없을 거예요.

모든 국민들이 사회 기반 시설을 누리며 편리한 삶을 살게 하려면 정부는 사회 각 분야마다 현대적이고 효율적인 사회 기반 시설을 만드는 데 투자해야 해요.

♣ 불평등한 사회 기반 시설

세계 여러 나라에서 산업을 일으켜 많은 일자리를 만들어 내지만 어떤 나라는 산업이 발달하지 않았어요. 이러한 나라에서는 대부분의 상품을 돈을 지불하고 수입해야 하므로 국내에서는 수익을 만들어 내지 못해요. 그래서 산업이 발달하지 않은 나라에는 모든 산업 활동을 증진시켜 일자리를 만들어 낼 수 있도록 도움을 줘야 해요.

산업이 발달한 선진국에서는 현대적인 기반 시설을 사용할 수 있지만 세계 곳곳에는 그렇지 못한 나라들이 많아요.

지구에 사는 수십억 명의 사람들은 전기를 사용하지 못하거나 전기 시설이 아예 없는 곳에 살아요. 그리고 10억 명이 넘는 사람들은 통신 서비스를 누리지 못해요. 도로와 교통수단도 이용하기 불편하지요.

세계 모든 나라들은 농업이나 광업의 원재료를 갖고 있는데 이런 것들이 산업에 활용되어야 일자리를 만들고, 국민들의 생활을 편리하고 윤택하게 할 수 있어요.

♣ 국경을 넘은 기술 공유

앞으로는 재생 가능한 에너지를 활용하는 기술로 산업을 발전시켜야 해요. 지속가능한 발전을 이루기 위해서는 혁신과 새로운 기술의 발명이 널리 보급되어 다방면으로 적용되어야 해요.

과학 연구는 선진국에서 집중적으로 이루어져요. 연구소들은 정부와 기업으로부터 많은 지원을 받아요. 전자 공학, 통신학, 약학, 새로운 물질을 연구하는 과학은 먼저 특허권을 받은 다음 본격적으로 산업에 적용될 거예요.

산업이 발달하지 않은 나라들이 경제적으로 성장하도록 돕기 위해서는 지속가능한 발명 아이디어들이 국경을 넘어 이용될 수 있도록 해야 해요.

세부 목표

9

- 산업이 발달하지 못한 가난한 나라들의 산업을 성장시켜요.

- 지속가능한 사회 기반 시설들을 늘려요.

- 중소기업들이 작업 기계와 기술을 개선하도록 도와요.

- 과학과 기술 연구에 투자해요.

- 가난하고 소외된 나라에 정보 통신 기술을 전파하여 사용할 수 있도록 해요.

- 기업들이 환경과 조화를 이루며 생산 활동을 하도록 해요.

내가 할 수 있는 일은 무엇일까?

- 미래의 꿈을 생각할 때 과학 분야에서 내가 할 수 있는 일은 없는지 생각 해 봐요. 과학 기술로 어려움에 처한 지구촌 사람들을 도울 수 있어요.
- 코딩은 컴퓨터와 논리적으로 대화하는 법을 가르쳐 주어 디지털 세대에 매우 중요한 과목이에요. 코딩 수업에 흥미를 갖고 적극적으로 참여하도록 해요.
- 사용하지 않는 중고 휴대 전화나 컴퓨터를 필요한 단체에 기부해요.

놀라운 기술의 발전

증기 기관

18세기에 발명되어 산업화에 큰 영향을 주었어요. 물을 데워 증기를 발생시켜 열에너지를 운동 에너지로 바꾸어 엔진을 작동시켜요.

인쇄

독일의 구텐베르크가 15세기에 활판 인쇄를 발명했어요. 이는 책의 사본을 여러 권 만들어 낼 수 있게 해 주어 사회 모든 계층에 독서를 확산시켜 학문의 발달을 가져왔어요.

컴퓨터

기계식 계산기에 대한 몇백 년간의 연구가 전자 및 통신 발전과 결합하여 컴퓨터가 개발되었어요. 인터넷망과 연결되면서 통신과 데이터 처리 분야에서 가장 중요한 발명 중 하나가 되었어요.

나침반

고대 중국에서 발명되었어요. 이후 아랍인과 아말피 항해자들에 의해 개량되었어요.

전기

전기는 자연(이를테면 번개 같은)에 존재하지만 인간은 그것을 만들어 내어 활용하는 법을 알아냈어요. 전기가 없다면 전구, 텔레비전, 세탁기 등 우리가 사용하는 많은 도구들이 작동할 수 없어요.

로봇
다양한 일에서 인간을 대신하는 똑똑한 기계예요. 예를 들어, 공장에서는 매우 정밀하거나 위험한 작업을 수행해요. 로봇의 '두뇌' 역할을 하는 것은 컴퓨터인데 로봇에게 수행해야 할 동작을 명령해요.

전화
공식적으로는 미국인 벨이 발명한 것으로 알려져 있지만, 19세기에 여러 발명가들이 장거리에서 목소리를 전하는 데 성공했어요.

내연 기관
가솔린 기관과 디젤 기관이 대표적인 내연 기관들이에요. 내연 기관은 자동차의 개발로 이어졌어요.

바퀴
바퀴 덕분에 자전거, 자동차, 비행기, 풍차, 시계 등 각종 기계들이 작동할 수 있어요.

종이
중국에서 종이가 발명되기 전에는 돌, 파피루스, 대나무, 양피지에 글을 적었어요. 종이는 모든 문서를 간편하고 경제적이며 이동하기 쉽게 만들어 주었어요.

목수와 컴퓨터

"들어가도 될까요?"

모시는 아빠의 작업실인 '루디샤' 목공소에 들어가기 전에 꼭 허락을 받아요. 톱과 전기톱, 접착제와 페인트, 망치와 드라이버로 가득한 이곳은 아이에게 안전한 공간이 아니기 때문이에요.

"들어오렴. 그런데 조심해야 해. 아무것도 만지지 말고!"

아빠는 늘 그랬듯이 진지하게 말했어요.

"모시야, 언제 우리와 같이 일할 거야?"

"그래, 이제 넌 다 컸으니까 학교는 그만 가도 되잖아."

"모시야, 여자 친구는 있고?"

목공소에서 일하는 유쾌한 청년들이 모시에게 짓궂게 말을 걸었어요.

"다들 농담 그만하고 일들 해."

아빠는 직원들을 아꼈지만 일할 때는 엄격했어요. 모시는 형들이 친해지려고 장난친 것을 알기에 기분 나쁘게 받아들이지 않았어요.

목공소를 방문할 때마다 모시의 마음은 기쁨으로 가득찼어요. 톱질과 못

질하는 소리, 향긋한 나무 냄새도 좋고, 무엇보다 손으로 무언가를 만들어 내는 일이 멋져서 모시도 어른이 되면 목수가 되고 싶었어요.

넓은 작업실 옆에는 작은 사무실이 있어요. 그곳에 가면 모시를 귀여워하는 아빠의 비서, 사우다 아주머니가 늘 맛있는 사탕으로 반겨 주었어요. 사우다 아주머니는 정이 많은 이모 같아요.

목공소 일꾼들 가운데는 상품을 납품하고 작업할 자재를 실어 오는 짐꾼도 있어요. 윌슨 아저씨가 그 일을 하는데 보통 운송용 자전거를 타고 돌아다니지만 가구가 너무 클 경우에는 수레를 이용하기도 해요.

루디샤는 작은 회사지만 나이로비 근교에서는 성공한 현대적인 기업으로 알려졌어요. 전기를 사용하여 기계를 작동시키고, 컴퓨터를 이용하여 계산서를 관리하고 고객들과 소통하니까요. 이러한 이유로 도시의 큰 호텔에서 문과 창문의 교체 작업을 루디샤에 맡기기로 했어요. 하지만 한 번씩 모든 작업이 멈추어 버리는 상황이 발생했어요.

"오, 안 돼! 또 정전이야!"

기계가 갑자기 꺼져 버렸어요. 나이로비에서 블랙아웃(전력 공급이 중단되어 해당 지역이 어두워지는 일)은 자주 일어나는 일이었고 그럴 때마다 아빠는 화를 냈어요.

"회사가 발전하려면 안정적인 인터넷 연결이 꼭 필요해! 새로 생긴 회사인 브릭을 찾아가 이 문제에 대해 상담해 봐야겠어. 해결책을 찾았다는 소식을 들었거든."

"저도 그 소식을 들었어요. 꼭 만나 보세요."

사우다 아주머니가 말했어요.

"그 회사 덕분에 제 오빠 가족들이 마을에서 무료 와이파이에 접속할 수 있게 되었어요. 브릭에서 낙후된 시골 지역을 포함해 케냐 전 지역에 인터넷을 공급하고 있거든요."

모시는 이 대화에 흥미롭게 귀를 기울이며 생각했어요.

'목수도 좋지만 전자 통신 연구원도 멋진 직업 같아!'

아프리카의 인터넷 프로젝트

"이곳 나이로비에서는 런던이나 샌프란시스코에서 맘껏 이용할 수 있는 현대 기술이 사용되지 못할 때가 많아요. 기반 시설들이 부족하다 보니 북반구에 있는 나라에 비해 훨씬 힘들게 살아요."

이러한 생각에서 출발하여 케냐에서 '브릭'(BRCK)이 탄생했어요. 브릭은 종종 일어나는 정전으로 인터넷 연결이 끊겼을 때 컴퓨터와 스마트폰이 이동 통신망에 연결할 수 있도록 해 주는 모뎀이에요. 이 모뎀은 태양 에너지로 작동하며 고립된 지역에서도 스무 대의 컴퓨터가 동시에 접속할 수 있어요.

또한 브릭은 아프리카 대륙의 무료 와이파이 연결망인 '모자'(MOJA)와 같은 다양한 서비스가 만들어질 수 있도록 했어요. 모자는 기업들이 자신의 컨텐츠를 공유하고 홍보할 수 있도록, 그리고 국민 개개인이 하루 중 언제 어디서든 음악, 정보, 영상, 책에 자유롭게 접근할 수 있도록 기획되었어요.

케냐에서 시작된 모자 연결망은 이제 르완다나 남아프리카공화국처럼 아프리카 대륙의 다른 나라에서도 사용되고 있어요.

10

불평등을
감소시켜요

몇몇 나라와
소수의 사람들만 부를 누리고 있어요

최근 몇 년 동안 중국과 같은 몇몇 나라의 경제는 크게 성장하여 유럽과 북아메리카 같은 선진국 수준에 가까워졌어요. 반면 지구촌 여러 나라 사이의 부의 격차 또한 크게 벌어졌어요. 특히 아프리카 대륙의 나라들은 더욱 어렵게 살아요.

하지만 가장 심각한 문제는 사람들 사이의 불평등이에요. 모든 나라에서 부는 항상 소수의 사람들에게 집중되어 있어요. 다시 말해 부자는 점점 부유해지고 가난한 사람은 점점 가난해진다는 뜻이에요.

인구의 1%가 전 세계 부의 절반을 소유하고 있다는 사실이 그걸 증명하지요.

♣ 사람들 사이의 엄청난 격차

부유한 사람과 가난한 사람은 세계 어디에나 있지만 나라마다 부의 격차를 다루는 방식에는 큰 차이가 있어요.

캐나다와 뉴질랜드 같은 나라에서는 세금을 통해 거둔 돈의 일부를 국민 전체를 위한 사회 및 의료 서비스를 구축하는 데 활용해 왔어요. 이를 통해 모든 국민이 무난한 생활 수준에 이르렀지요.

반면 어떤 나라들에서는 큰 격차가 나타나고 있어요. 소수의 사람만이 엄청난 재산을 소유하고 대부분의 국민은 겨우 살아갈 정도의 수입만 있어요.

불평등은 재산의 소유만을 가지고 가리지 않아요. 집, 학교, 물과 음식, 건강, 일자리처럼 인간의 권리로 간주되는 기본 서비스에의 접근 가능성과도 상관이 있어요.

재판도 불공평할 수 있어요. 재산과 사회적 지위가 낮은 사람들에게 덜 공정할 수가 있거든요.

성(일반적으로 여성은 남성보다 더 적은 부를 소유해요.)이나 인종(소수 민족이 더 가난한 경우가 많아요.)에 따라 사람들에게 영향을 미칠 때 불평등은 더 크게 나타나요.

같은 나라 안에서도 지역 사이에 불평등이 존재해요. 교외 지역들은 대도시에 비해 누릴 수 있는 혜택이 적어요.

♣ 더 나은 사회를 위해 불평등 줄이기

불평등을 줄이는 일은 꼭 필요해요.

소득의 차이는 경제 성장에도 장애물이 돼요. 경제적인 여유가 적은 사람들은 상품을 적게 구매하므로, 한 나라에 가난한 사람이 많으면 소비가 줄고 결과적으로 국내 생산 전체가 영향을 받게 돼요.

스칸디나비아 반도의 나라들처럼 불평등을 줄이는 데 정부가 적극적으로 나서는 나라들이 부유하다는 점이 그 사실을 증명해요.

뿐만 아니라 기본 권리를 보장하지 않는 불평등한 사회의 가난한 가정에서 태어난 사람은 격차를 없애는 데 어려움이 많아 평생 가난하게 살 확률이 높아요.

세부 목표

10

- 빈곤층 사람들의 소득이 국민 평균 소득보다 빠르게 증가할 수 있도록 하여 소득의 불평등을 개선해요.
- 나이, 성별, 종교, 출신 지역으로 차별받지 않도록 보장해요.
- 불평등을 지속시키는 모든 법을 폐지해요.
- 모든 사람이 학업, 의료 서비스, 노동의 기회를 갖도록 보장해요.
- 취약한 계층을 보호할 수 있도록 세금, 사회 보장, 노동에 관한 법을 제정해요.

내가 할 수 있는 일은 무엇일까?

- 겉모습으로 친구들을 판단하지 않도록 해요.
- 자신의 머릿속에 있는 '장벽들'을 무너뜨려요. 그래서 열린 마음과 환대하는 태도를 갖도록 해요.
- 다른 문화에 관한 책과 영화를 찾아보도록 해요.

어제와 오늘의 벽

만리장성

길이가 무려 6000킬로미터가 넘는 어마어마하게 긴 성벽이에요. 중국의 역대 왕조들이 북방 민족으로부터 나라를 지키기 위해 지었어요. 중국에 가면 직접 올라가 볼 수 있어요.

하드리아누스 방벽

기원후 2세기, 영국에서 로마 황제 하드리아누스의 명령에 따라 제국의 영토에 대한 토착민들의 침입을 막기 위해 돌로 지은 요새예요.

베를린 장벽

도시를 동쪽과 서쪽으로 분리했던 장벽이에요. 1961년, 동독은 더 민주적인 정부가 있는 서독으로 주민들이 도망가지 못하도록 이 벽을 쌓아 올렸어요. 1989년에 붕괴되었고 독일은 통일되었어요.

이스라엘 팔레스타인 분리 장벽

이스라엘이 테러 공격에 대한 방어 체계라고 생각하는 장벽이에요. 하지만 팔레스타인 사람들은 이동의 자유를 억압하는 인종 분리 장벽이라고 여겨요.

모로코 장벽

중국의 만리장성 다음으로 세계에서 가장 긴 벽이에요. 서사하라 사람들의 소유인, 자원이 풍부한 영토를 독점하기 위해 모로코 정부가 세운 벽이에요.

수치의 벽

페루의 수도 리마에는 10킬로미터가 넘는 길이의 벽이 부촌과 빈민촌을 나누고 있어요. 빈민촌에는 수돗물과 화장실조차 없어요.

헝가리와 세르비아 국경 장벽

2015년에 설치된 철조망이에요. 유럽 연합에 들어가고자 국경을 넘으려는 난민들을 막으려고 만들었어요.

벽을 허무는 시소

"마누엘, 내려와! 할 얘기가 있어."

마누엘은 바로 계단을 뛰어내려 갔어요.

"라몬, 무슨 일이야?"

"시소 세 개를 설치했대!"

"놀이터에? 얼른 가 봐야겠다."

"아니, 장벽에!"

사람들은 장벽이라고 불렀지만 철골로 만든 매우 높은 울타리예요. 철골 사이로 국경 너머의 풍경이 보이지요.

마누엘과 라몬은 미국과 국경이 맞닿은 멕시코의 도시, 시우다드 화레스에 살아요. 두 친구는 장벽 근처에 종종 공놀이를 하러 가요. 넓고 땅이 잘 다져져 있어 공을 차기에 안성맞춤이거든요.

마누엘은 시우다드 화레스에서 태어났고, 라몬은 가족과 함께 멕시코의 가장 남쪽에 있는 치아파스주에서 왔어요. 라몬네 가족은 미국에서 난민을 받아들일 거라는 희망을 품고 북쪽 지방으로 와서 얼마 전부터 시우다드 화레

스에 머물렀어요.

"시소 타러 함께 가자!"

장벽에 도착하여 시소를 보고 마누엘은 깜짝 놀라고 말았어요.

"분홍색 시소잖아? 다른 세상에 온 것 같아!"

세 개의 기다란 분홍색 시소는 어두운 색깔의 철골 사이에서 눈에 확 띄었어요. 몇몇 아이들과 어른들도 자신의 순서를 기다리고 있었어요.

"자, 이제 우리 차례야. 어서 타 보자!"

라몬이 신나서 외쳤어요.

"너부터 타."

마누엘이 시소에 타는 동안 라몬은 반대편에 누가 탔는지 쳐다봤어요.

쾌활해 보이는 여자아이가 타고 있었어요. 라몬은 친구에게 말했어요.

"시소 반대편에 여자아이가 앉아 있어. 왠지 우리와 축구하는 걸 좋아할 것 같아."

라몬이 마누엘과 교대하자 여자아이가 시소에서 내려와 울타리로 다가왔어요.

"안녕, 넌 이름이 뭐야?"

마누엘이 여자아이에게 물었어요.

"조이. 네 이름은 뭐니?"

"난 마누엘이야."

여자아이의 엄마가 집에 돌아갈 시간이라며 조이를 불렀어요.

"이만 가 봐야겠다. 내일 같은 시간에 볼까?"

"좋아!"

마누엘은 기뻐하며 대답했어요.

어떠한 벽도 아이들을 막을 수는 없나 봐요!

시소 벽 프로젝트

　높은 벽이 미국과 멕시코를 분리하고 있어요. 미국은 1990년에 중앙아메리카와 남아메리카에서 일자리와 보다 나은 생활 환경을 찾아 미국으로 오는 이주민을 막기 위해 이 벽을 세웠어요. 이 넘을 수 없는 장벽은 경찰의 감시를 받으며 부유한 아메리카를 가난한 아메리카로부터 분리해요.

　하지만 두 명의 예술가가 시소를 통해 분리된 곳을 잇는 프로젝트를 만들었어요.

　미국인 건축가 로널드 라엘과 멕시코인 디자이너 버지니아 산 프라텔로는 장벽 사이로 특별한 색깔의 시소를 설치했어요. 이 프로젝트 이름은 '티터 토터 월'(Teeter-Totter Wall)인데 한국어로 '시소 벽'이란 뜻이에요.

　단순한 발상이지만 이 프로젝트는 두 가지 메시지를 담고 있어요. 첫 번째는 벽 한쪽에서 하는 일이 반대편에 즉각적인 영향을 준다는 점이에요. 두 번째는 우리가 어린이를 본받아야 한다는 거예요. 놀이를 할 때 아이들은 서로의 다름을 받아들이고 어떤 형태의 불평등도 없거든요.

목표 **11**

지속가능한
도시를 만들어요

세계 인구의 절반은
도시에 살아요

도시에 사는 인구는 계속해서 증가하고 있어요. 2050년에는 열 명 중 일곱 명은 도시에 살 거예요.

도시에는 산업이 발전하면서 많은 일자리가 생겨요. 이로 인하여 농촌의 인구가 도시로 이동하여 도시의 인구가 증가해요. 자신 혹은 가족의 일자리와 보다 나은 생활 환경을 찾아 옮겨 가는 것이지요. 이런 현상을 '도시화'라고 해요.

도시는 지구 표면의 3%만을 차지하면서도 에너지의 80%를 소비하며 이산화탄소의 75%를 배출해요. 그렇기 때문에 도시가 환경을 위해 지속가능한 방식으로 성장하는 것이 얼마나 중요한지를 알 수 있어요.

♣ 세계 북반구의 도시들

도시는 예로부터 정치·경제·문화의 중심지였어요. 좁은 면적 안에 수천 명 혹은 수백만 명의 사람들이 살고 있기에 도시에는 온갖 종류의 문제가 생겨요.

세계 각 나라 도시들이 항상 직면하고 해결해야 할 과제는 다양한 연결망(전기 에너지부터 식수 공급까지, 폐기물 관리부터 인터넷까지)을 관리하는 거예요. 그리고 사회 서비스의 이용 가능성, 즉 보살핌을 필요로 하는 사람들을 위한 지원 서비스(어린이집, 양로원 등)를 보장하는 일이에요. 대중교통을 이용하기 쉽게 갖추는 것 또한 매우 중요해요.

오늘날 이러한 필요에 대응하는 많은 도시들은 스마트 도시로 불려요. 즉, '똑똑한 도시'이지요. 이런 도시는 문제 해결을 위해 기발한 해법을 찾고 특별히 환경의 지속가능성에 주의를 기울여요.

몇 가지 예로 전력 소모가 적은 건물, 자전거 도로, 짧은 기간 동안 자동차를 빌려 주는 카 셰어링 서비스가 있는데 도시 안에서 이동할 때 적합해요. 이를 통해 더 많은 사람들이 자동차를 함께 사용할 수 있고 비용과 이산화탄소 배출을 줄일 수 있어요.

♣ 세계 남반구의 도시들

가난한 나라의 주요 도시들은 많은 심각한 문제들로 어려움을 겪고 있어요. 이러한 문제는 사회 불평등 정도를 보여 주는 거울과 같아요.

사람들은 매우 부유한 소수와 몹시 가난한 다수로 나뉘어 있어요. 도시 차원에서 이러한 현상은 고층 건물들과 다양한 서비스가 가득한 중심부의 부촌과 생활이 매우 힘든 변두리의 빈민가(나라에 따라 슬럼가, 비동빌, 파벨라로 불려요.)로 나타나요.

빈민 지역에는 기본적인 하수도 처리 시설, 식수, 전기, 우편 서비스, 쓰레기 처리 시설이 마련되어 있지 않아요. 학교와 병원은 충분하지 않고 시설 또한 잘 갖추고 있지 않은 경우가 많아요.

이런 도시 변두리 지역에 사는 사람들을 모두 합하면 10억 명에 달하고, 그 수는 점점 증가하고 있어요.

세부 목표

11

- 모든 사람에게 안전하고 잘 갖춰진 주거를 제공해요.
- 효율적이고 저렴한 교통망을 갖춰요.
- 공원과 녹지 공간을 늘려요.
- 수도, 전기, 가스, 폐기물 수거, 와이파이 등 사회 기반 시설망을 개선해요.
- 노인, 장애인, 어린이를 위한 사회 서비스를 마련해요.
- 변두리 지역을 더 정돈되고 안전하게 만들어요.
- 가난한 나라들이 지속가능한 도시 지구와 건물들을 건축할 수 있도록 도와요.

내가 할 수 있는 일은 무엇일까?

- 내가 살고 있는 도시의 생활과 정치에 참여해요. 시장, 의원, 통장의 이메일 주소로 도시를 위한 새로운 생각이나 제안을 보내 보아요.
- 대중교통을 이용하고, 환경 오염을 줄이기 위해 걷거나 자전거를 타요.
- 공공 녹지를 소중하게 다뤄요. 녹지는 내가 사는 도시의 폐와 같으니 깨끗하게 보전해요.

도시는 어떻게 이루어져 있을까요?

공업 단지

수십 년 전까지만 해도 도시 안에서 공장들을 찾아볼 수 있었어요. 하지만 오늘날에는 물품을 싣고 내리는 작업을 보다 쉽게 하기 위해 변두리 지역으로 옮겼어요.

녹지대

공원과 정원은 도시에 자연을 가져다줘요. 식물과 동물을 살게 하며 맑은 공기를 공급해요. 복잡한 도시에서 평화로운 여가 시간을 보낼 수 있는 소중한 공간이에요.

쇼핑몰

마트, 옷, 생활용품, 서점 등은 대형 쇼핑몰에 몰려 있어요. 주로 도시 근교에 자리 잡고 있어요.

주거지

아파트와 주택이 모여 있는 곳이에요. 편의 시설을 갖추고 있고 시내와도 잘 연결되어 있어요.

역
열차는 사람과 물품을 실어 나르며 대중교통 수단 중 큰 비중을 차지해요. 역은 통행하는 승객들을 맞이하는 도시의 중요한 장소예요.

변두리
도시의 가장 바깥쪽에 위치한 주거 지역이에요. 중심지에서 멀리 떨어진 곳으로 보통은 도시보다 소득이 낮은 편이에요. 이 중 제일 가난한 지역에는 빈민가가 있어요.

구시가
도시의 가장 오래된 구역이에요. 시청과 대성당 그리고 문화·예술적 가치가 높은 건축물들이 자리 잡고 있어요.

대학교
대학교를 다니기 위해 먼 지방에서도 학생들이 이사를 와요. 어떤 도시들은 그곳에 자리한 대학에 따라 지역 경제가 좌우될 정도여서 '대학 도시'라고 불려요.

항구
바다 혹은 강의 항구일 수 있어요. 이곳에는 수출되는 내륙 상품들이 도착해요. 또한 내륙으로 옮겨야 할 수입된 상품들이 통과하는 장소예요.

사무 단지
세월이 지나며 도시의 중심지에는 주거지가 줄어들어요. 사무실이나 기업들의 본사가 들어선 현대식 건물들이 그 자리를 대신해요.

빈민가의 우편물 배달

"아우렐리아, 준비 다 됐으면 출발하자."

이른 아침, 아우렐리아는 신이 났어요. 아빠 넬슨이 아우렐리아를 일터에 데리고 가기로 했거든요.

아빠는 세상에서 가장 멋진 일을 해요. 카르테이루 아미고(Carteiro Amigo)의 우편배달부인데 한국어로 '우편배달부 친구'라는 뜻이에요.

"아빠, 제복 입은 모습이 정말 멋진걸요?"

아빠와 아우렐리아는 씩씩하게 집을 나서 발걸음을 옮겼어요. 이 일은 전부 걸어서 하는 것이니까요.

둘은 브라질의 리우데자네이루에서 가장 큰 빈민가인 호시냐의 거리를 걷고 있어요. 호시냐는 '작은 농장'이라는 뜻이에요. 오래전에 이곳은 농촌이었거든요. 반면 지금은 100만 명이 넘는 주민이 사는 빈민촌이에요.

아빠는 사무실에 들러 가방에 편지, 소포, 시의 행정 통지서, 증명서 등을 담았어요. 가방이 금방이라도 터질 것처럼 빵빵해졌어요. 호시냐의 우편배달부는 아빠 혼자만 있는 게 아니에요. 빈민촌의 구역을 나누어서 담당하는 우편배달부가 20명이나 더 있지요.

아빠는 계단에 앉아 스마트폰으로 애플리케이션을 켜고 딸에게 건네며 물었어요.

"우리의 첫 번째 목적지가 어디지?"

"알레그라 길 1802번에 사는 테레지나 아주머니 댁이요. 그다음은 캄포 피오리토 길 3450번의 알로이시오 씨와 2533번의 라보사 가족 차례예요."

아우렐리아가 말했어요.

주소들을 보면 사실 좀 이상한 구석이 있어요. 호시냐에는 3000개가 넘는 길과 골목에 공식적인 이름이 없었어요. 그래서 카르테이루 아미고가 활동을 시작하려 했을 때 해당 주민들에게 길 이름을 짓도록 했어요.

아빠와 딸은 열심히 걷다가 멈추어 애매한 표정으로 주변을 두리번거렸어요.

"아우렐리아, 지도를 확인해 봐. 원래 여기에 길이 있었는데 그 자리에 벽이 생겼어. 그리고 저 집 대신에 원래는 닭장이 있었던 것 같아."

빈민촌은 살아 있는 동네 같아요. 주민들이 필요에 따라 공간을 개조하기 때문에 끊임없이 변화해요. 이런 이유로 카르테이루 아미고는 호시냐의 지도로 애플리케이션을 만들어 이를 매일 업데이트하고 있어요.

때로는 우편물을 받는 사람을 찾는 일이 매우 어려워요. 부재중이거나 수신자가 잘못 적혀 있을 때가 있고, 심지어 같은 도로를 두고 주민들이 다른 이름을 붙인 경우도 있어요. 그럴 경우 특별 수사가 시작돼요.

"아주머니, 실례합니다. 올리베이라 가족은 어디에 사나요? 아버지 성함이 에르네스토이고 결혼 후에 아르헨티나로 이민을 간 딸이 있어요."

"저는 모르는 사람들이에요. 앞으로 쭉 걸어가서 가스탱크를 파는 상점에 한번 물어보세요."

"네, 기억이 나는데 못 본 지 한참 됐어요. 야채 과일 가게에 물어보세요."

이런 식으로 올리베이라 가족을 찾을 때까지 주민들에게 물어보는 거예요.

아우렐리아는 친구들과 이야기를 나눌 때 뿌듯해하며 이렇게 말해요.

"우리 아빠는 우편배달부일 뿐 아니라 탐정이기도 해. 세상에서 가장 멋진 직업이지 않니?"

카르테이루 아미고 프로젝트

앨리아니와 카를로스는 호시냐에서 태어났어요. 둘은 서른 살이 되기까지 한 번도 편지를 받아 본 적이 없었어요. 이는 리우데자네이루의 우편 서비스가 빈민촌까지 닿지 않았기 때문이에요. 명확한 주소가 없는 데다 길과 건물들은 계속 바뀌어 우편물 배달을 어렵게 만들었어요.

그래서 앨리아니와 카를로스는 우편 배달 회사 '카르테이루 아미고'(Carteiro Amigo)를 설립하였어요. 소액의 정기 구독료를 내는 대가로 주민들은 도심에 사는 사람들처럼 편지와 소포를 받을 수 있게 되었어요.

이 회사는 호시냐의 도로에 이름을 붙이고 집집마다 숫자를 정한 다음 계속되는 빈민촌의 변화에 맞춰 매일 업데이트되는 지도를 만들었어요. 이 사업 덕분에 이전까지 지도에도 없었던 지역이 이름표를 달게 되었어요. 이 사업은 크게 성공하여 불과 몇 년 만에 다른 빈민 지역에까지 사업을 확장했어요.

"주소를 가짐으로써 빈민촌의 주민들은 진정한 시민으로 변화되어요."

앨리아니는 뿌듯하게 말하며 덧붙였어요.

"우편을 받는 것은 시민의 기본 권리지요."

12 목표

책임 있는 생산과
소비를 해요

지구의 인구는
점점 늘고 있어요

　몇십 년 후면 전 세계의 인구는 점점 늘어 100억 명에 이를 거예요.
　그렇게 되면 더 많은 음식, 자동차, 가전제품, 신발과 옷, 컴퓨터 등 다양한 것들이 필요하겠지요. 당연히 소비도 늘어날 것이고 그에 따라 다양한 서비스, 교통수단, 생활용품, 여가 시간, 편리한 기술 등을 요구하는 사람들도 많아질 거예요.
　그러니 다음 세대를 위해 환경 파괴를 일으키지 않으면서 삶의 질을 유지하는 것이 중요해요.

♣ 소비는 미래에 영향을 미쳐요

인간이 하는 모든 활동은 지구 자원을 활용해요. 물, 토양, 광물, 동식물 등은 우리가 소비하는 상품들을 생산하기 위해 사용되어요.

그런데 자원은 무한하지 않아요. 대부분의 광물처럼 어떤 것들은 지구에 한정된 양만 있어 재생이 불가능해요. 그리고 석탄 같은 자원은 만들어지는 데 아주 오랜 시간이 걸려요. 또 일부 토양 자원은 회복이 불가능할 정도로 오염되기도 했어요.

무책임한 방식으로 소비하는 행위는 위험해요. 멀쩡한 물건을 버리면 폐기물을 소각하면서 환경을 오염시키고, 그 물건을 생산하는 데 필요한 자원도 낭비한 셈이 되어요.

재활용이 중요한 이유가 바로 여기에 있어요. 현대 기술 덕분에 우리는 폐기물의 80% 이상을 재활용할 수 있어요.

미래 세대를 위해 환경을 보호하고 지키는 책임에는 정부, 기업, 소비자 등 우리 모두가 연관되어 있어요. 현명한 소비를 하여 환경 파괴를 최소화해야 해요.

여러분이 지속가능한 상품을 선호한다면 점점 더 많은 기업들이 자원을 낭비하지 않도록 주의하며 생산 방식을 개선하기 위해 노력할 거예요. 똑똑한 소비를 하는 우리 시민의 역할이 가장 중요해요.

♣ 3R을 실천하는 순환 경제

지속가능한 소비를 제안할 때 자주 언급되는 개념이 바로 3R의 원리를 따르는 순환 경제예요.

선형 경제는 생산하고 소비한 후에 폐기하는 일직선 구조예요. 즉 물건을 사용한 후 휴지통에 버리면 끝이지요.

반면 순환 경제는 어떤 물건을 더 이상 사용할 수 없을 때 되살릴 수 있는 모든 부분들을 수거해요. 그리고 그 폐기물을 새로운 원재료로 전환하여 재활용(Recycle)해요. 이것이 첫 번째 R이에요. 하지만 이것만으로 충분하지 않아요.

두 번째 R은 꼭 필요하거나 확실히 사용할 물건만 구입하여 소비를 줄이는(Reduce) 거예요. 자동차나 자전거를 다른 사람들과 공유하여 사용하는 것도 방법이 될 수 있어요.

마지막 R은 어떤 물건의 수명을 연장한다는 의미로 재사용(Reuse)하는 거예요. 물건이 망가졌으면 고쳐 사용하거나 그게 어렵다면 중고 물품을 구매하는 거지요.

세부 목표

12

- 지구의 천연자원을 지속가능하고 책임 있는 방식으로 사용해요.
- 생산 단계부터 유통 및 소비 단계까지 먹을거리 낭비를 최대한 줄이고 음식물 쓰레기의 양을 절반으로 줄여 보아요.
- 재활용과 재사용을 통해 폐기물을 줄여요.
- 모든 사람이 지속가능한 발전을 인지하도록 관련 정보를 제공하고 교육을 확대해요.
- 지속가능한 방법으로 생산과 소비를 할 수 있도록 개발 도상국에 과학 기술을 지원해요.

내가 할 수 있는 일은 무엇일까?

- 과소비를 하지 않고 나에게 꼭 필요한 옷과 물건만 구입해요.
- 내게 필요 없는 옷이나 장난감을 필요한 사람에게 물려줘요.
- 헌옷은 재활용할 수 있도록 수거함에 넣어요.
- 원단을 재활용해 봐요. 꽃무늬 블라우스로 파우치를 만들고, 오래된 청바지가 새로운 가방으로 재탄생할 수 있어요.

무엇을 재활용하나요?

목재

수거된 목재는 작은 파편으로 분해되어 새로운 가구를 만드는 나무판으로 재가공돼요. 목재 폐기물로는 난방에 사용하는 연료인 목재 팰릿을 얻을 수 있어요.

코르크

코르크나무 껍질에서 나온 재료예요. 매우 가볍고 방수가 되며 열이 통하지 않아요. 병 마개를 비롯하여 인테리어 소품, 신발 등을 만드는 데 재활용해요.

종이

식품을 포장하는 데 사용하는 종이와 판지의 약 90%는 재활용한 폐지로 만들어요. 종이와 판지는 수없이 재활용할 수 있어요.

철

철광석에서 나온 금속으로 100% 재활용이 가능해요. 철근, 금속 캔, 자동차 부품 등으로 재활용돼요.

유리

유리로 만든 제품들은 100% 재활용이 가능해요.
유리를 색깔별로 구분한 다음 녹여서 새로운 컵,
병, 항아리 등을 만들어요.

알루미늄

음료수 캔, 식품 용기, 양동이처럼 알루미늄으로
만든 것들은 100% 재활용과 재사용을 할 수 있
어요. 건축 자재나 자전거 혹은 가전제품을 만드
는 데 쓰여요.

플라스틱

분리수거된 다양한 종류의 플라
스틱을 같은 원료의 플라스틱끼
리 선별해요. 그런 다음 재가공
하여 다양한 플라스틱 제품을
생산해요.

퇴비

음식물 쓰레기는 정원에서 나오는
식물성 폐기물과 함께 모아 비료
로 사용할 수 있어요.

상한 우유의 재발견

"안나, 안토넬라, 아침 식사 준비 다 됐어!"

안나와 안토넬라는 서둘러 주방으로 갔어요.

"으, 맛이 갔어!"

우유를 마시려던 안나는 코를 찡그리며 말했어요.

"유통 기한이 지났잖아? 장 볼 때 잊지 말고 새 우유를 사야겠네."

엄마가 말했어요.

안토넬라는 커피를 마시며 말했어요.

"날짜가 지나서 버리는 우유가 얼마나 많을까? 유통 기한이 지나면 상하지 않았어도 판매하기에 적합하지 않아 버리는 경우도 있잖아."

엄마는 벌써 식탁을 정리하고 있는데 안토넬라는 생각에 푹 빠져 있었어요.

"1930년대에 이탈리아의 한 화학자가 우유로 섬유를 만들었대. 그걸 다시 시도해 보면 어떨까? 오늘날의 기술로는 더 훌륭한 섬유를 만들 수 있을 거야."

안나도 수업 시간에 배운 재활용 활동과 낭비를 줄이는 실천 방안을 잘 기

억하고 있었어요.

"언니 말이 맞아! 우리가 쓰레기라고 생각하는 원료 중에 재활용할 수 있는 것들이 얼마나 많을까?"

"연구를 좀 해 봐야겠어. 환경을 위한 새로운 섬유를 만들어 내는 건 정말 필요한 일인 것 같아!"

엄마는 시계를 바라보며 말했어요.

"얘들아, 그 일은 천천히 생각해 보고 어서 출발하자!"

안토넬라는 패션 회사에서 일해요. 사무실에 도착할 때까지도 우유 섬유에 대한 생각이 머릿속을 떠나지 않았어요. 그래서 회사 동료인 엘리사에게도 그 이야기를 들려줬어요.

"안토넬라, 정말 멋진 생각인데? 나도 같이 돕고 싶어! 그런데 전문가와 먼저 이야기해 보는 편이 좋지 않을까?"

두 사람은 인공 섬유 전문가에게 연락했어요.

"네, 좋은 아이디어네요. 식초와 닿으면 우유 단백질은 가느다란 실로 분리되거든요. 이 분리된 실을 송진 같은 적절한 성분과 배합하면 실을 뽑고 엮어서 옷감을 만들 수 있어요."

"그러니까 가능하다는 거죠? 그럼 정말 우유로 옷을 만들 수 있겠네요!"

안토넬라가 사는 이탈리아의 토스카나 지역은 섬유 분야에 오랜 전통을 갖고 있어요. 그래서 작은 옷감 회사들이 많은데 아무도 안토넬라의 프로젝트에 관심을 갖지 않았어요.

어느 날 안토넬라는 동생 안나와 회사 동료 엘리사와 함께 삼 대가 함께 일하는 수공예 공방을 방문했어요. 먼저 가장 젊은 파올로 씨를 만났는데 그는 이 아이디어를 무척 마음에 들어 했어요.

"저는 해 보고 싶지만 저희 아버지를 설득할 수 있을지 모르겠네요."

파올로 씨가 걱정스런 목소리로 말했어요.

우려한 대로 파올로 씨의 아버지 카를로 씨는 별로 탐탁지 않아 했어요.

"죄송하지만 어렵겠네요. 이런 모험에 우리의 시간과 돈을 걸 수는 없어요."

그때 공방의 설립자인 안테오 할아버지가 오셨어요.

할아버지는 우유 섬유 이야기를 듣더니 아들과 사뭇 다른 반응을 보였어요.

"카를로, 새로운 도전에 겁부터 먹는 건 여전하구나. 젊은이들, 걱정 말고 시도해 봅시다. 마음만 먹으면 우리는 풀로도 실을 짤 수 있답니다!"

폐기물로 섬유를 만드는 프로젝트

안토넬라의 프로젝트에서 탄생한 회사, '두에디라떼'(Duedilatte)는 오늘날 우유뿐만 아니라 커피 침전물과 쌀을 가공하면서 생기는 폐기물로도 섬유를 만들어요. 새롭게 탄생한 섬유로는 또 뭐가 있을까요?

- 콩을 가공하고 남은 부산물에서 '식물성 캐시미어'라고 불리는 푹신하고 부드러운 섬유를 얻을 수 있어요.
- 시칠리아에서는 두 여성이 오렌지 주스를 만들고 남은 재료로 명주처럼 부드러운 섬유를 만들었어요.
- 와인을 생산할 때 나오는 폐기물로 자동차 시트를 만드는 데 사용하는 가죽과 비슷한 섬유를 얻을 수 있어요.
- 오스트레일리아의 '눌라보' 실은 야자나무 열매 폐기물에서 뽑아낸 거예요.
- 게와 다른 갑각류의 껍질로 '크랩연'이란 실을 만들어요. 이 섬유는 어린아이들처럼 연약한 피부에 좋아요.

자, 이제 위 재료를 더 이상 폐기물이라고 부르지 말아요. 지구를 구하는 데 기여하는 소중한 자원이니까요.

13

지구 온난화를 멈춰요

지구를 둘러싼 대기의 온도가 점점 높아지고 있어요

    지구 온난화는 지구의 기후를 바꾸어 세계 여러 지역에서 이상 기후 현상이 일어나게 해요.

    많은 열대 지역에서 긴 가뭄과 사막화, 즉 사막이 발달하는 현상이 나타나고 있어요. 반면 어떤 지역에는 거센 폭우가 몰아쳐요. 온화한 기후 지역에서도 홍수와 허리케인같이 점점 극단적이고 파괴적인 기후 현상이 나타나고 있어요.

    가장 눈에 띄는 현상은 극지방에서 빙하가 서서히 녹아내리는 모습이에요. 이는 해수면의 상승을 일으켜 작은 섬들과 대륙의 해안 지역을 위험하게 만들어요.

♣ 지구 온난화는 어떤 문제를 일으킬까요?

온실 효과는 지구의 대기가 더워지는 현상이에요. 빛은 받아들이고 열은 내보내지 않아 겨울에도 꽃, 과일, 채소가 자랄 수 있는 온실처럼, 대기의 특정 기체(예를 들어 이산화탄소)는 태양 광선을 옭아매어 지구를 따뜻하게 유지해 주어요. 하지만 이산화탄소의 양이 지나치게 많을 경우 그 현상이 강해져 결국 지구는 점점 더 뜨거워져요.

여기에 주택 난방과 자동차의 배기가스, 공장에서 나오는 가스가 온실 효과를 더욱 증가시키고 있어요. 더불어 산림 파괴도 많은 지역에서 나타나고 있어요. 나무는 이산화탄소를 흡수하는 중요한 역할을 하는데 산림이 파괴되면 지구 온난화는 더욱 가속화될 거예요.

♣ 생존을 위협하는 환경 파괴

지구 온난화는 농업을 위협해요. 한때는 경작지였던 넓은 땅들이 오늘날에는 잦은 범람으로 버려졌어요. 또 어떤 땅은 사막화로 인하여 경작할 수 없게 되었어요.

농사지을 땅이 줄면 식량 자원이 부족해져요. 그러면 음식 가격이 오를 것이고 이는 빈곤층의 생활을 더욱 어렵게 만들어요.

생활 조건이 나빠지면 결국 이민자들이 늘어나요. 많은 사람들이 더욱 풍요로운 지역, 비옥한 땅이 있고 일할 기회가 많은 곳으로 옮겨 가기 때문이에요.

♣ 지구 온난화를 막기 위해 노력해요

지구 온난화를 막기 위해 우리가 할 수 있는 일은 무엇이 있을까요?

온실 가스를 생산하지 않는 에너지원을 사용하고, 벌채를 중단하며 새로운 숲을 조성하기 위해 나무를 심어요.

또한 우리의 생활 태도를 바꾸는 일도 매우 중요해요. 무엇을 어떻게 소비하는지, 어떤 식으로 난방을 하고 교통수단을 이용하는지, 우리의 식습관은 어떠한지 되돌아봐요.

예를 들어 부유한 국가에서는 육류 소비량이 높아요. 그런데 대형 축산 농장들은 온실 효과를 높이는 가스를 많이 배출해요. 게다가 사료용 풀을 재배하기 위해서 숲을 없애기도 해요. 그러므로 고기를 덜 먹는 일도 지구 환경을 구하는 방법 중 하나라는 것을 기억해요.

세부 목표

13

- 농업, 교통수단, 에너지 소비, 산림 보호 등 각 분야에서 지구 온난화를 멈추는 행동을 실천해요.
- 기후 변화에 대한 연구를 확대하여 실행할 수 있는 일을 찾아요.
- 사람들이 지구 온난화와 자연재해에 잘 대처할 수 있도록 도와요.
- 세계 모든 나라가 함께 지구 온난화를 막는 계획을 만들어 실행해요.

내가 할 수 있는 일은 무엇일까?

- 냉난방을 과도하지 않게 해요.
- 냉장고 문을 자주 열지 않도록 필요한 물건을 한 번에 모아서 꺼내요.
- 요리할 때 냄비 뚜껑을 덮고 해요. 에너지 낭비를 줄이면서 온도를 빨리 올릴 수 있어요.

동물들과 지구 온난화

사바나의 동물군

비가 내리지 않는 건기가 점점 길어지고 있어요. 그 결과 동물들은 물을 마실 수 있는 곳을 찾기가 더욱 힘들어져요.

황제펭귄

남극에 살면서 가장 추운 때에 알을 낳아 새끼를 키워요. 빙하가 녹으면 새끼 펭귄은 수영을 배우기 전에 바다에 빠져 포식자들의 먹이가 되고 말아요.

홍합

바다 수온이 높아지면서 개체 수가 점점 줄고 있어요. 이는 게와 작은 갑각류 그리고 해초 같은 다른 종들의 생존에도 영향을 미쳐요.

바다거북

지중해에서는 수컷 바다거북의 개체 수가 줄고 있어요. 바다거북은 온도에 따라 성별이 결정되는데 알이 부화하는 동안 주변 온도가 높으면 암컷이 부화할 가능성이 커요.

인도호랑이

순다르반은 방글라데시 남서부 끝, 인도와의 국경 인근에 위치하는 대규모 맹그로브 숲 지역으로 호랑이의 중요한 번식지예요. 하지만 해수면의 상승으로 이 지역은 가라앉고 있어요.

순록

북쪽 지방에 과거의 여름보다 비가 많이 내렸고, 그 비가 얼어서 순록들이 풀을 먹지 못하여 생존에 위협이 돼요.

물범

지구 온난화로 빙하가 점점 줄어들어 포식자로부터 숨을 수 있는 자연 피난처가 사라지고 있어요. 게다가 '물범 홍역 바이러스'와 같은 치명적인 바이러스들이 더욱 많이 퍼지고 있어요.

물오리와 기러기

지구 온난화로 가뭄이 생기면서 많은 습지가 사라지고 있어요. 이로 인하여 물오리와 기러기 그리고 이런 서식지에서 번식하는 철새들이 어려움을 겪고 있어요.

산호

산호의 먹이이자 붉은색을 띠게 만드는 해초가 수온이 올라가면서 점점 사라지고 있어요. 산호가 해초를 먹지 못하면 색을 잃고 죽게 돼요.

북극곰

북극에 사는 육식 동물이며 물범을 잡아먹어요. 물범이 줄어들면 북극곰들은 먹을 것을 찾아 머나먼 거리를 횡단해야 해요.

이누이트와 지구 온난화

"실라, 어서 나오렴. 출발할 거야."

"네, 엄마. 장화를 신고 있어요!"

엄마는 남동생 나단과 함께 자동차에서 기다리고 있어요. 오늘은 할아버지 댁에 점심 식사를 하러 가는 날이에요.

실라는 서둘러 차에 타며 물었어요.

"저 왔어요! 가는 데 얼마나 걸려요?"

"한 시간 정도 걸리니 느긋하게 책을 읽으렴."

할머니 할아버지께서 살고 계시는 도시, 이칼루이트에 가려면 초원을 수십 킬로미터 가로질러야 해요.

실라네 가족은 이누이트예요. 이칼루이트는 캐나다 북쪽에 위치한 광활한 이누이트 영토의 주도예요.

"할아버지 할머니가 보고 싶어요. 할머니가 들려주는 이야기도 듣고 싶고요."

할머니는 이야기를 들려주는 능력이 탁월하세요. 일주일에 한 번씩 할머니를 학교에 초대해서 유목민 시절의 이누이트 문화 이야기를 들을 정도니까요. 이누이트가 일정한 거주지에 살게 된 것은 불과 50년밖에 되지 않아요. 그들은 겨울을 지냈던 이글루와 여름에 사냥을 하며 이동 생활을 할 때 지냈던 가죽 천막을 떠나 도시로 나갔어요.

할아버지 댁에 도착하자마자 실라는 질문을 쏟아 냈어요.

"할머니, 그 시절 생활은 어땠어요?"

"물론 지금보다 훨씬 불편했지만 나는 좋았어. 추위, 배고픔, 눈보라를 견뎌 내야 했지만 말이야. 음식을 마련하려면 사냥이나 낚시를 하거나 열매를 직접 채집해야 했지. 모두가 어린 시절부터 사냥하는 법을 배웠어. 지금의 삶은 무척 단순하지. 마트에서 먹을 것을 살 수 있고, 집은 난방이 잘 되어 따뜻하

고, 텔레비전과 인터넷도 설치되어 있으니까. 하지만 우리 조상들이 수백 년 동안 가졌던 자연과의 그 친밀한 관계를 더 이상 경험하지 못하겠지."

"그래서 어린이들에게 옛날 이야기를 계속 들려주시는 거예요?"

"그렇단다. 우리의 뿌리를 기억하고 문화를 잊지 않도록 하기 위함이야."

할아버지께서 한숨을 내쉬며 덧붙이셨어요.

"실라야, 지구 온난화는 이누이트가 전통을 지키며 살 수 없도록 한단다. 지구 전체의 기온이 상승하면 북극과 남극 인근 지역에는 더 큰 변화가 빨리 나타나지. 우리는 다른 민족보다 자연과 더욱 긴밀하게 연결된 삶을 살고 있어. 빙하가 녹고 겨울이 짧아지면 사냥할 짐승이 줄고 그러면 우리 이누이트는 살아갈 수가 없단다."

"할아버지, 그럼 우리가 할 수 있는 일은 뭐예요?"

"사람들에게 북극 지방이 어떤 위험에 시달리고 있는지를 알려야 해. 북극의 빙하는 우리 지구의 냉방 장치야. 극지방의 빙하가 녹으면 지구 전체에 매우 심각한 영향을 미칠 거야. 그러니까 전 세계가 환경을 위한 행동에 동참하는 것이 중요해. 이누이트는 기후 변화로 나타나는 현상을 다른 사람들보다 먼저 경험하고 있어. 그래서 우리가 지속가능한 생활 양식을 안내하는 가이드가 되어야 한단다."

이누이트의 파카 프로젝트

생산 활동은 지구 온난화의 가장 큰 원인 중 하나예요. 그래서 지속가능한 생산 활동을 위해 주의를 기울이는 기업들이 점점 생겨나고 있어요.

예를 들어 의류 회사인 '캐나다 구스'(CANADA GOOSE)는 온실가스 배출량을 0으로 줄이고, 재생 가능한 에너지만 사용해요. 또한 플라스틱 사용을 없애고, 폐기물을 모두 재활용하도록 힘써요. 뿐만 아니라 프로젝트 '스튜던츠 온 아이스'(Students on Ice)를 후원하여 전 세계 수백 명의 학생들이 매해 극지방을 방문하여 빙하와 극지방 동물이 겪고 있는 위험을 가까이서 보고 알아 갈 기회를 제공하고 있어요.

오래전에 이 기업은 이누이트 양재사를 초대하여 전통적인 봉제 방법을 배우는 시간을 가졌어요. 그러면서 젊은 이누이트 디자이너들을 모집하여 그 민족의 전통복인 따뜻한 외투, 즉 파카를 만들어 생산하였어요.

현대 재료를 사용하되 전통 방식으로 여러 스타일의 옷이 생산되었어요. 판매 수익의 일부는 이누이트가 지구 온난화에 대항하고 그들의 문화를 보존하는 일에 사용되고 있어요.

목 표

14

해양 자원과
생태계를 보전해요

지구의 생명은
바다에 달려 있어요

바다는 지표면의 70%를 덮고 있으며 지구에서 가장 넓은 생태계를 구성해요. 우리가 숨 쉬는 산소의 절반 이상을 생산하며 이산화탄소를 흡수해요. 그리고 더운 계절에는 열을 품고 겨울에는 내보내어 기후를 조절하지요.

바다는 이런 방식으로 인간과 생물이 살아가기에 적합한 환경을 만들어요. 또한 수많은 사람들을 먹여 살리는 양식(생선, 조개, 갑각류, 해초 등) 저장고이기도 해요.

수백 년 동안 해양 생태계는 늘 사용할 수 있는 무한한 자원으로 여겨져 왔어요. 하지만 오늘날 인간의 무책임한 행동으로 그 균형이 점점 깨지고 있어요.

♣ 지나친 고기잡이

바다와 대양에는 약 25만 종의 생물이 살아요. 그 가운데는 우리가 알지 못하는 종도 많아요. 그런데 몇 년 전부터 마구잡이식 어획으로 해양 생태계의 피해가 점점 심각해지고 있어요.

수산물의 수요는 세계적으로 증가하고 있어요. 특히 해안 근처에는 시장에서 가장 수요가 많은 생선 종류는 없어질 위기에 처했어요. 이런 방식은 먹이 사슬을 끊어 버리기 때문에 해양 생태계 전체가 위험해져요.

♣ 바닷물이 끓고 있어요!

대기와 바다는 모두 하나의 기후 체계에 속해요. 환경 오염으로 초래된 대기의 온난화가 바다의 수온 상승을 유발했고 생태계에 심각한 피해를 가져왔어요. 해양 생물은 바닷물의 온도가 상승하자 적당한 온도를 찾아 살던 곳을 벗어나 다른 곳으로 이동했어요.

그뿐만이 아니에요. 수온 상승은 더 잦은 폭풍우를 일으켰어요. 그리고 극지방의 빙하가 녹으면서 해수면이 상승하여 해안가와 섬들이 물에 잠기기도 했어요.

♣ 플라스틱으로 가득한 바다

플라스틱의 시대가 시작된 이후로 70년 동안 우리는 80억 톤의 플라스틱을 생산했어요. 지구상에 존재하는 모든 동물을 합친 무게가 50억 톤이라는 점을 감안해 보면 어마어마한 양이에요.

생산된 플라스틱 가운데 단지 10%만 재활용되었고 대부분은 바다에 버려졌어요. 비닐봉지 한 장은 30여 년에 걸쳐 분해되지만 플라스틱 병이 없어지는 데에는 400년이 걸려요.

해류 때문에 플라스틱은 광활한 섬을 이룰 정도로 쌓였어요. 그중 가장 넓은 플라스틱 섬은 태평양에 있는데 면적이 프랑스만 해요.

바다에 떠다니는 플라스틱은 오랜 시간 분해되면서 크기가 2밀리미터 미만의 미세플라스틱이 돼요. 이것을 물고기, 거북, 새, 바다 포유동물이 삼키면 죽음을 불러올 수도 있어요.

세부 목표

14

- 해양 오염을 줄이고, 해양 생태계의 지속가능한 관리와 보호, 복원에 힘써요.
- 해양 생태계가 지켜지도록 어획을 통제해요.
- 지역별 소규모 어업 종사자들을 도와요.
- 해양 연구에 대한 지원 규모를 확대해요.
- 해안 및 해양 지역의 최소 10%를 보호 구역으로 지정하여 생물 다양성과 생태계를 보전해요.

내가 할 수 있는 일은 무엇일까?

■ 생선을 살 때 크기를 주의해서 살펴요. 너무 작은 생선을 잡는 일은 번식을 위협하므로 금지되어 있어요.

■ 제철 생선을 사 먹어요. 다양한 종들은 연중 서로 다른 시기에 알을 낳는데 잘못된 시점에 어획하는 행위는 해양 생물의 번식에 해를 끼쳐요.

■ 어획 방법에 대한 정보를 알아봐요. 어떤 것들은 생태계를 무분별하게 파괴하고 해저 서식지를 훼손하기에 불법이에요.

다양한 해양 생물

참치
다랑어라고도 부르며 열대와 온대 해역에 서식해요. 가장 많이 소비되는 종은 노란색 등지느러미를 가진 황다랑어예요. 참다랑어는 남획으로 인하여 멸종 위기에 처했어요.

황새치
긴 주둥이로 유명한 황새치는 열대와 지중해 같은 온대 해역에 서식해요. 육질이 매우 맛있는데 바다의 중금속이 축적되어 있어서 자주 먹지 않는 편이 좋아요.

해초
현존하는 가장 오래된 식물이에요. 종류가 수천 가지이며 영양가 높은 음식으로 활용되는 것도 많아요.

양식업

수산물을 인공적으로 길러 번식시키는 일을
말해요. 그물로 만든 우리를 바다에 띄우는
가두리 양식이나 수조를 이용한 순환 여과
식 양식이 있어요.

연어

다 자란 연어는 바다에 살지만 산란기인
겨울이 되면 강을 거슬러 올라가요. 연어
는 알을 낳기에 안전한 곳을 찾는데 보통
자신이 태어난 하천인 경우가 많아요.

멸치

지중해와 대서양에 서식하는 작은
물고기예요. 크기가 작고, 값이 저
렴하며 영양소가 풍부한 등 푸른
생선의 대표적인 종이에요.

대구

세계에서 가장 많이 잡히는 생선인데 바로
이러한 이유로 특정 지역에서는 개체 수가
상당히 많이 줄었어요. 태평양과 대서양의
냉수대에서 많이 찾아볼 수 있으며 산란과
사냥을 위해 긴 거리를 이동해요.

문어

바다 깊은 곳, 특히 숨을 수 있는 돌이
많은 밑바닥에 살아요. 다양한 해산물
요리에 활용되며 전 세계의 바다에 분
포해요.

재활용 플라스틱 카누

"뛰어! 사무엘, 하늘에 구멍이 뚫린 것 같아."

이스마엘과 사무엘은 학교에서 돌아오는 길에 폭풍우를 만났어요. 두 소년은 지붕 아래로 급히 피했어요.

"비가 왜 이렇게 쏟아지는 거야! 도로는 이미 다 잠겨 버렸어."

사무엘은 늘 그렇듯 불평하기 시작했어요.

"물이 빠지도록 배수로를 파놓지 않아서 비가 조금만 와도 물난리가 난다니까."

이스마엘과 사무엘이 사는 도시, 두알라는 카메룬의 중심지로 대서양의 기나긴 연안에 자리하고 있어요.

"불평만 하지 말고 저기 좀 봐!"

도로를 덮친 급류에 수천 개의 페트병이 떠내려가고 있었어요.

"저 많은 플라스틱은 모두 바다로 떠내려갈 거야. 우리가 뭐라도 해야 해."

"나도 알아, 이스마엘. 마침 오늘 수업 시간에 바다에 생긴 거대한 플라스틱 섬에 대해 배웠어. 이러다가는 바다 표면 전체가 플라스틱으로 뒤덮이고 말

거야. 그러면 바닷물이 숨을 쉴 수 없고, 바다 생물도 죽게 되겠지. 우리가 무엇을 할 수 있을까?"

그때 이스마엘이 무언가 결심한 듯 말했어요.

"우선 이 플라스틱 병들을 모아서 재사용할 수 있어."

쓰레기를 모아서 무언가를 한다는 생각이 사무엘은 썩 내키지 않았어요. 하지만 친구를 잘 알기에 '싫어'라는 말이 통할 리 없음을 알고 함께하기로 했어요.

"좋아, 그럼 어떻게 할까?"

"사실 전부터 카누를 타고 싶었지만 형편이 돼야 말이지. 그런데 빈 페트병보다 잘 떠다니는 것이 없잖아? 이걸 이용하여 내 손으로 직접 카누를 만들어야겠어."

내리는 비는 신경 쓰지도 않은 채 두 소년은 근처 상점에서 커다란 비닐봉지를 가져와 플라스틱 병을 주워 담기 시작했어요. 그런 다음 뚜껑이 닫힌 1.5L짜리 플라스틱 병 수백 개를 튼튼한 밧줄로 묶었어요.

완성된 카누는 다행히 물에 잘 떴어요. 하지만 아직 만족스럽지가 않았어요.

"폭풍이 부는 날에 이 플라스틱 카누를 출항시켜 성능을 확인해 봐야겠어."

친구들은 고개를 절레절레 흔들며 다시 생각하기를 바랐지요. 사무엘도 이스마엘을 설득해 보려고 했지만 아무도 이스마엘의 생각을 바꾸지 못했어요.

마침내 폭풍이 치는 날이 왔고, 이스마엘은 플라스틱 카누를 물에 띄웠어요. 이스마엘이 탑승하는 동안 사무엘은 카누를 둑에 붙잡고 있었어요. 친구들 외에도 나이가 지긋한 어부 몇 명이 그 장면을 어리둥절한 표정으로 지켜보았어요.

"이제 카누를 풀어 줘!"

파도가 높아서 노를 저을 필요도 없었어요. 카누는 사라졌다가 다시 나타나기를 몇 번 반복했지만 어쨌든 계속 물에 떠 있었어요. 잠시 후 바다가 잠잠해지자 이스마엘은 노를 저어 연안으로 돌아왔어요. 이스마엘은 기뻐서 어쩔 줄 몰라 했어요. 자신의 플라스틱 카누가 시험을 통과한 거예요!

에코보트 프로젝트

이스마엘은 학교를 졸업한 후 카누를 만드는 비영리 단체인 '마디바&네이처'(Madiba & Nature)를 설립했어요. 썩지 않는 골칫덩이 쓰레기가 될 뻔한 플라스틱으로 만들었다는 의미에서 '에코보트'라고 이름 지었어요.

배를 살 수 없는 가난한 어부들에게는 이 배를 기부하였고, 두알라 남부에 위치한 작은 해안 마을에서는 관광객들에게 대여했어요.

마디바&네이처는 학교를 방문하여 재활용의 중요성을 알리고 폐기물을 줄이는 방법을 설명해요. 이 단체의 자원봉사자들은 플라스틱을 재활용하여 만든 물건들을 직접 선보여요.

이스마엘과 같은 생각을 한 또 다른 사람이 있어요. 영국의 환경 운동가 데이비드 드 로스차일드예요.

그는 플라스틱 병을 재활용하여 무려 두 개의 선체를 지닌 쌍동선 플라스티키(Plastiki)를 만들었어요. 이 배는 미국의 샌프란시스코에서 출발하여 4개월 만에 태평양을 가로질러 오스트레일리아의 시드니에 도착하는 놀라운 모험을 해냈어요.

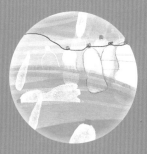

15

육상 생태계를 보호해요

생물 다양성은 무엇일까요?

생물 다양성이란, 지구에 사는 모든 동식물의 종 다양성과 유전자 다양성, 환경을 만드는 모든 생태계의 다양성을 뜻해요. 생물 종의 수가 감소할 때 생물 다양성이 감소되었다고 말해요. 안타깝게도 생물 다양성은 계속 감소하고 있어요.

지금까지 과학자들은 육상과 해양에서 약 2백만 개의 동식물 종을 알아냈어요. 아직 제대로 발견하지 못한 종들이 많기에 어쩌면 10만 종이 넘을 수도 있고 훨씬 더 많을 수도 있어요.

그러나 많은 종들은 미처 연구하거나 분류되기도 전에 지구상에서 사라지고 말았어요. 우리가 알고 있는 종들 가운데 $\frac{1}{4}$ 이상은 멸종 위기에 처해 있고, 이미 멸종한 종도 많아요.

♣ 지구상에서 사라진 멸종 동식물들

도도새는 아프리카 모리셔스 섬에 살던 새였는데 무거운 몸집과 작은 날개를 가진 탓에 날지 못했어요. 17세기에 유럽 사람들이 모리셔스 섬을 식민지로 삼았어요. 그러면서 산림을 벌채하고 도도새의 서식지를 침범하였어요. 결국 도도새는 더이상 번식하지 못하고 멸종했지요.

태즈메이니아늑대는 오스트레일리아의 태즈메이니아 섬에 살았어요. 커다란 개를 닮은 유대 동물이었는데 등에 줄무늬가 있어 태즈메이니아 호랑이라고도 불렸어요. 무서운 포식자였기에 멸종될 때까지 축산업자들에게 사냥당했어요.

실피움은 고대 로마인들이 귀하게 여긴 식물로 약재와 향신료로 쓰였어요. 어찌나 귀했던지 동전에도 그 모습을 새겨 넣었어요. 그러나 기원후 1세기에 멸종했어요. 수요는 많은데 재배가 매우 까다로운 데다 기후가 너무 덥고 건조했기 때문이라고 추정하고 있어요.

이처럼 많은 동물과 식물 종이 해마다 멸종하면서 지구의 생물 다양성이 감소하고 있어요.

♣ 숲의 중요성

숲은 육지의 약 $\frac{1}{3}$ 을 차지해요. 지구에 존재하는 동식물의 80% 이상이 숲을 서식지로 삼아요.

기후 변화에 맞서려면 숲이 반드시 필요해요. 숲은 산소를 만들고 이산화탄소를 흡수해요. 그리고 수증기를 발산하고 강수량을 통제하여 홍수의 위험을 줄이고 땅속 지하수 저장을 용이하게 만들어요.

하지만 매해 1300만 헥타르의 숲(그리스 영토만큼 넓은 면적이에요.)이 사라지고 있어요. 유럽을 비롯하여 세계 많은 지역의 원시림은 거의 다 사라졌어요. 농작물을 경작하거나 목재를 얻기 위해 나무를 베어 냈기 때문이에요. 그리고 숲이 있던 자리에 높은 빌딩 등 도시가 들어섰어요.

오늘날에는 적도 지방의 열대 우림이 위험에 처했어요. 가장 넓은 아마존 숲은 남아메리카에 있어요. 그런데 가축을 기르거나 바이오 연료를 생산하기 위해, 또는 광산이나 수력 발전소, 저수지를 사용하기 위해 나무를 베어 내어 숲을 파괴하고 있어요. 이런 행위는 생물 다양성을 심각하게 위협해요. 게다가 아마존 숲의 자원에 의존하며 사는 300개가 넘는 원주민 공동체까지 위험에 빠트려요.

세부 목표

15

- 산림 파괴를 막고 나무를 심어요.

- 생물 다양성의 감소를 막고 멸종 위기의 동식물 종을 보호해요.

- 각 나라의 정책에 생물 다양성의 보전을 포함시켜요.

- 불법 사냥과 무분별한 목재 교역을 종식시켜요.

- 재래종을 대체해 버릴 수 있는 외래종의 유입을 예방해요.

내가 할 수 있는 일은 무엇일까?

- 앞마당, 정원 또는 학교 마당에 나무를 심어요.
- 멸종 위기 동물 보호를 위한 단체에 관심을 가져요. 가족이 함께 일정 금액을 후원해 보는 것도 좋아요.
- 꿀벌이 사라지고 있어요. 꿀벌은 수분을 도와 식물이 번식할 수 있도록 돕는 곤충이에요. 나무뿐 아니라 곤충도 보호해야 할 자연임을 명심해요.

위기에 처한 동물들

눈표범
중앙아시아에 서식하는 고양잇과 포유류예요. 남획과 지구 온난화로 몇 해 만에 개체수가 $\frac{1}{5}$로 줄었어요.

대왕판다
중국의 산림 파괴로 서식지가 줄었어요. 현재 1600마리 정도가 자연 방사되어 있어요.

타카헤
날지 못해서 종종 다른 짐승의 먹이가 되곤 해요. 뉴질랜드 남섬의 제한된 지역에 소수가 남아 있어요.

마르시칸 갈색곰
이탈리아의 아펜니노 산맥 일부 지역에 50여 마리만 생존하고 있어요. 멸종 위기에 처해 세계자연보전연맹(IUCN)에서 위급 단계로 지정했어요.

나무타기캥거루

오스트레일리아와 파푸아뉴기니에 분포하며 대부분의 생활을 나무에서 보내요. 암컷은 새끼를 배 주머니에서 일정 기간 동안 키워요.

코뿔소

한때는 30여 종이 존재했으나 오늘날에는 5종으로 줄었어요. 뿔 때문에 밀렵꾼들의 표적이 되어 멸종 위기에 있어요.

고릴라

불법 사냥으로 개체 수가 줄은 데다 산림 파괴로 콩고에서 서식지를 잃었어요.

수달

수년 동안 모피를 얻기 위해 사냥을 당했어요. 현재는 보호 구역을 중심으로 개체 수가 증가하고 있어요.

민물 돌고래

아마존강의 하구나 인도의 큰 강 하구에 살아요. 환경 오염과 불법 포획으로 위협을 받고 있어요.

재규어

미국 대륙에서 우림이 사라지면서 재규어의 먹잇감이 준 바람에 농가에 가축을 사냥하러 나타나고 있어요. 그래서 지역 축산업자뿐 아니라 재규어의 모피를 불법으로 판매하는 밀렵꾼들에게도 사냥당하고 있어요.

펠릭스의 멋진 생각

"펠릭스, 네가 제일 좋아하는 생태학 수업 시간이야."

조나스는 단짝 친구가 생태학을 좋아한다는 사실을 잘 알고 있어요.

"이제부터 용감한 여인, 왕가리 마타이 이야기를 들려줄게. 미국에서 공부한 아프리카 출신 생물학자이지. 그녀는 학업을 마치고 케냐로 돌아갔을 때 조국의 환경이 많이 바뀐 걸 알게 되었어."

"어떻게 바뀌었는데요?"

조나스가 물었어요.

"농사를 지으려고 숲의 나무를 베어 냈어. 게다가 농산물은 지역에서 소비되지 않고 해외로 수출되었지. 산림 파괴로 기후는 더욱 건조해졌고, 우물과 하천은 바짝 말라 버렸어."

"그래서 왕가리 선생님은 어떻게 했어요?"

레베카는 어서 결론을 듣고 싶었어요.

왕가리 마타이는 자기 마을뿐 아니라 이웃 마을 여인들에게 이렇게 제안했어.

"나무를 심읍시다. 그냥 몇십 그루가 아니라 100만 그루를 심읍시다. 각자 다른 화분에 씨를 심어 보살피고 물을 주어 작은 나무가 되면 땅에 옮겨 심도록 해요."

보다 정확한 설명을 위해 선생님은 칠판 위에 씨앗이 나무가 되는 과정을 그려 주셨어요.

파티마는 집 발코니에 작은 밭을 돌보고 있어서 식물을 기르는 일이 쉽지 않다는 사실을 잘 알고 있었어요.

"왕가리 선생님의 생물학적 지식이 식물을 돌보는 데 도움이 되었을 거예요."

"물론이지! 얘들아, 혹시 그거 아니? 몇 년 동안 케냐에 심은 나무는 실제로 5000만 그루 이상이었다는 사실! 2004년에 왕가리 마타이는 지속가능한 세상을 위해 힘쓴 공로로 노벨 평화상을 수상했어. 그녀가 소속된 단체의

그린벨트 운동은 세계 평화와 민주화에도 매우 중요한 활동으로 평가받았지."

학생들은 왕가리 마타이 이야기에 크게 감명을 받았어요.

그때 펠릭스가 친구들을 바라보며 말했어요.

"우리도 여기 독일에서 똑같이 해 보면 어때? 우리 지역에 나무 100만 그루를 심는 거야. 아니 차라리 지구에 있는 모든 나라에 100만 그루씩 나무를 심도록 만들자. 기후 변화를 멈추기 위해서는 나무 심기가 가장 좋은 방법이잖아."

조나스는 빠르게 계산하더니 말했어요.

"세계에 나라가 총 196개라면 지구에 1억 9600만 그루의 나무가 더 생긴다는 뜻이네. 상당한 숫자인걸!"

반 친구들이 펠릭스의 멋진 생각에 감탄했어요.

이어서 레베카가 말했어요.

"그래, 해보자. 첫 번째 나무는 우리 학교 마당에 심는 거야! 나무 그늘에 앉아서 이야기를 나누면 얼마나 좋을까?"

파티마는 이미 머릿속에 그림을 그리고 있었어요.

"첫 번째 나무는 멸종 위기에 있는 꽃사과로 하자. 생물 다양성 보전에도 도움이 될 거야."

10억 그루 나무 심기 프로젝트

펠릭스는 자신의 생각을 거대한 프로젝트로 발전시켰어요. 친구들과 함께 '플랜트포더플래닛'(Plant-for-the-Planet)이라는 단체를 만들어서 전 세계에 알렸어요. 이 단체에는 어린이와 청소년을 포함하여 현재 7만 명 이상의 회원이 있어요.

이들의 성공적인 첫걸음을 본 유엔환경계획(UNEP)은 '10억 그루 나무 심기 캠페인'을 이 단체에 맡겼어요.

몇 해가 지났고 현재까지 심은 나무의 수는 130억 그루를 넘겼어요. 그래서 목표를 1조 그루로 높여 잡았어요. 상상하기조차 어려운 큰 숫자이지만 펠릭스는 반드시 도달할 수 있을 거라 믿고 있어요.

플랜트포더플래닛이 전 세계에 내걸고 있는 슬로건은 다음과 같아요. "Stop Talking. Start Planting." 즉 "말은 그만하고, 나무를 심자."예요.

여러분도 함께 동참해 볼까요?

16

평화를
증진시켜요

사회가 정의롭고 결속되려면
평화가 필요해요

    평화는 경제를 발전시키기 위해서도 반드시 필요해요. 전쟁이 일어나면 거의 모든 생산 활동이 중단되기 때문이에요.

    농업을 예로 들게요. 전쟁 기간 중에는 대부분의 밭을 경작할 수 없기에 식량이 줄어요. 전쟁이 끝난 후에도 그 영향은 오랫동안 남아요. 지뢰가 묻힌 땅은 사망자와 부상자를 낳고 농경지를 쓸 수 없도록 만들어요.

    폭격도 경제적인 손해를 일으켜요. 폭탄 공격을 받은 도시는 폐허가 되어 재건되기까지 시간과 돈이 들어요. 또한 역사 유적과 문화유산은 한번 파괴되면 되돌릴 수 없어요.

♣ 전쟁은 어떤 결과를 낳을까요?

각 시대마다 세계 어딘가에는 늘 전쟁이 있었어요. 지금 이 순간에도 어떤 곳에서는 전쟁이 벌어지고 있어요. 경제적인 문제를 떠나 전쟁은 그야말로 비극이에요. 인간의 생명을 앗아 가고 부상과 장애를 낳지요.

어떤 나라에서는 강제 징집을 당한 소년병들이 가족과 헤어져 군사 훈련을 받는 끔찍한 현실에 처해 있어요. 이러한 극단적인 상황에 이르지 않더라도 전쟁 기간 중에 아이들은 학교를 다니기가 어려워요. 아이들이 공부를 하고 배움을 이어 나가지 않으면 자신의 미래를 준비할 수 없어요.

이 밖에도 집을 떠나 강제로 이주하게 된 수많은 사람들은 다른 나라에 망명을 신청해 피난민이 돼요. 대부분의 경우에는 피난민들을 난민촌에 모아 놓거나 때로는 수백만 명의 피난민을 한곳에 수용하기도 해요.

♣ 고요한 전쟁

전쟁이 아니더라도 폭력은 어느 나라, 어느 사회에든 있어요. 독재 정권 아래에 있는 나라들은 독재자의 뜻에 반대하는 사람들을 교도소에 가두거나 폭력으로 억압하여 국민들이 자신의 의견을 자유롭게 표현할 수 없게 해요.

이러한 정권은 세계인권선언에서 공포한 모든 사람이 자유롭고, 평등하고, 존엄하게 살아가기 위해서 보장받아야 하는 자유와 권리를 짓밟는 거예요. 세계인권선언은 1948년에 유엔 총회에서 채택된 인권에 관한 세계 선언이에요.

　정부에 대항하기 위해 암살을 계획하고 생명을 빼앗는 테러도 일어나요.

　그리고 이탈리아의 범죄 조직 마피아처럼 나라마다 범죄 조직이 있어요. 그들은 위협적인 행위로 공포를 불러일으켜 많은 사람들의 경제 활동과 생활에 지장을 줘요.

세부 목표

16

- 모든 형태의 폭력을 줄이고 그로 인한 사망률을 감소시켜요.
- 모든 사람이 정당한 판결을 위해 법원에 소송할 수 있도록 기회를 보장해요.
- 무기 매매와 모든 형태의 조직범죄를 소탕해요.
- 인종 차별을 비롯한 모든 차별에 대항하는 법률을 발의해요.
- 인간의 권리와 기본적인 자유를 보장해요.
- 어린이, 여성 그리고 소수 민족 같은 약자에 대한 착취를 폐지해요.
- 국제 사회 의사 결정에 있어 개발 도상국의 참여 확대로 불균형을 없애요.

내가 할 수 있는 일은 무엇일까?

우리 반 친구 중에 다른 나라에서 온 친구가 있나요?

친구가 어느 나라에서 왔는지 직접 물어보거나 인터넷에서 정보를 찾아봐요.

- 어느 대륙에 있는 나라이며 수도는 어디인지 알아봐요.
- 그곳의 기후는 어떤지 알아봐요.
- 방문할 만한 흥미로운 장소들을 알아봐요.
- 전통으로는 무엇이 있는지 알아봐요.
- 꼭 먹어 봐야 할 음식은 무엇인지 찾아봐요.

인간의 권리

사생활의 권리

사람은 누구나 사생활을 누릴 권리가 있어요. 누구도 허락 없이 다른 사람의 우편물을 읽거나 정당한 명분 없이 다른 사람의 집에 출입할 수 없어요.

노동할 권리

성인이 된 사람은 노동할 권리와 직업을 자유롭게 선택할 권리가 있어요. 노동 현장에서는 차별이 없어야 하며 휴식과 여가 시간을 누릴 권리가 있어요.

법의 보호를 받을 권리

모든 사람은 법 앞에서 평등하며 자신의 권리를 침해받았을 때 법의 도움을 받을 권리가 있어요. 유죄가 증명될 때까지는 죄인이 아니며 정당한 이유 없이 체포할 수 없어요.

가정을 이룰 권리

성인이 된 남녀는 국적, 인종, 종교에 상관없이 결혼하여 가정을 이룰 권리가 있어요. 결혼은 두 사람의 자유로운 동의에 의해서만 이루어질 수 있어요.

교육을 받을 권리

모든 사람은 의무 교육 단계의 무상 교육을 받을 권리가 있어요. 고등 교육의 기회도 모든 사람에게 열려 있어야 해요.

종교의 자유를 누릴 권리

모든 사람은 자신이 따를 종교를 선택하며 이를 사적으로든 공개적으로든 실천할 권리가 있어요. 또한 살아가면서 종교나 신앙을 바꿀 권리도 있어요.

피난처를 구할 권리

모든 사람은 조국에서 정치적인 이유나 개인적인 의견으로 박해를 받을 경우 다른 나라에 피난처를 구할 권리가 있어요.

의사 표현의 자유를 누릴 권리

모든 사람은 억압받지 않고 자신의 의견을 표현할 권리가 있어요. 자신의 생각을 어떤 매체를 통해서든 국경과 상관없이 표출할 수 있어요.

개인의 자유를 누릴 권리

모든 사람은 자신의 인생에 대해 결정할 권리가 있어요.
자기 나라 내에서나 외국으로 이동의 자유가 있어요.
노예 제도는 금지돼요.

투표할 권리

모든 사람은 자기 나라의 공무원이 될 권리와 선거를 통해서 대표를 선출할 권리가 있어요. 투표는 비밀 투표로 이루어지며 해당 나이가 되면 누구에게나 투표권이 주어져요.

적합한 생활 수준을 누릴 권리

모든 사람은 자신과 가족의 건강과 안녕에 적합한 생활 수준을 누려야 해요. 실업, 질병 혹은 노후로 인하여 생계가 곤란해질 경우 국가의 보호를 받을 권리가 있어요.

보스니아로부터의 도피와 귀환

"어빈, 어디 있니? 숨지 말고 나오렴."

엄마는 서둘러 짐을 꾸리며 아이를 찾았어요.

그동안 아빠는 밖으로 나가 숲 쪽으로 걸어가며 아들의 이름을 불렀어요.

"어빈, 어빈!"

어빈에게 숲은 꾸지람을 듣거나 형제들과 싸운 후 종종 찾는 평화로운 공간이에요. 아니나 다를까 아빠는 나무 아래 앉아 있는 아들을 발견했어요.

"어빈, 이제 정말 떠나야 해."

"저는 아빠를 두고 가기 싫어요! 왜 우리와 함께 가지 않는 거예요?"

"미안해. 이번에는 아빠가 설명해 줄 수가 없구나. 아빠 대신 엄마와 동생들을 지켜 줘. 약속할 수 있지?"

"네, 아빠."

고개를 숙인 채 어빈은 집으로 돌아왔어요. 그리고 곧바로 자기 방에 가서 장난감을 잔뜩 챙겨 왔어요.

"어빈, 지금은 꼭 필요한 것만 가져갈 수 있어. 그런데 몇 주만 지나면 다시 집에 돌아올 테니까 그때 장난감을 실컷 갖고 놀자."

아빠를 꼭 끌어안고 작별 인사를 나눈 후, 엄마와 세 아이는 스레브레니차에서 출발하는 마지막 버스를 타고 다른 지역에 있는 친척 집으로 떠났어요. 스레브레니차는 보스니아에 있는 작은 도시예요. 이날은 1992년 4월 16일, 세르비아 군대가 도시를 침공하기 바로 전날이었어요.

기다림의 시간은 몇 주에서 몇 해로 늘어났어요.

몇 달 후, 어빈 가족은 크로아티아로 피신하는 데 성공했어요. 그리고 그곳 난민촌에서 길고도 힘든 시기를 보냈어요.

마침내 한 난민 수용 프로그램 덕분에 엄마와 세 아이는 이탈리아 롬바르디아 지역의 산기슭 마을에 도착했어요. 처음 적응할 동안에는 한 가족이 어

빈 가족을 돌보았어요. 마을 사람들은 서로 미소를 주고받으며 새로운 이웃을 보고 말했어요.

"아이들이 어쩜 이리 귀여울까!"

"그런데 무슬림이 아닌가? 피부색이 더 어두울 줄 알았는데 엄마는 금발이고, 아이들도 머리 색깔이 밝네요."

어빈은 오랜만에 행복을 느꼈어요.

"산속에 있으니 우리 집으로 돌아온 기분이야. 숲 냄새가 정말 좋아!"

하지만 어빈은 자신의 고향을 잊지 않고 12년이 지난 후 그곳에 돌아갔어요. 만감이 교차하고 추억이 되살아나는 기분이었어요.

"이보게 젊은이, 한 번도 못 본 얼굴인데 누굴 찾아왔는가?"

나이가 지긋한 시골 할머니가 호기심 가득한 얼굴로 물었어요.

"어릴 때 보스니아를 떠났거든요. 하지만 이제 돌아왔어요."

어빈이 눈시울을 붉히며 대답했어요.

희망의 도시, 스레브레니차 프로젝트

　보스니아는 1992년부터 1995년까지 3년 동안 분쟁 지역이었어요. 이 기간 동안에 스레브레니차 지역에서 8천 명에 달하는 무슬림 학살이 일어났어요.

　어빈은 스레브레니차가 전쟁 지역으로만 기억되기를 바라지 않아요. 물론 이 비극적인 사건을 잊지 말고 기억해야 하겠지만, 기억은 또한 희망이 되어야 하니까요.

　그래서 어빈은 2017년에 보스니아협회와 이탈리아의 단체 '자연의 친구들'과 함께 '희망의 도시, 스레브레니차 프로젝트'를 시작했어요. 10년 전까지만 해도 뛰어난 자연 경관으로 유명했던 스레브레니차에 지속가능한 관광을 오도록 하는 거예요.

　어빈은 스레브레니차에 나무로 지은 전통 가옥 마을도 만들었어요. 그리고 그처럼 고국을 떠나 난민촌에서 생활하는 어린이들을 방학 동안 이곳에 초대하여 즐거운 시간을 갖도록 하고 있어요. 힘든 시간을 이겨 낼 희망을 잃지 않게 하기 위해서요.

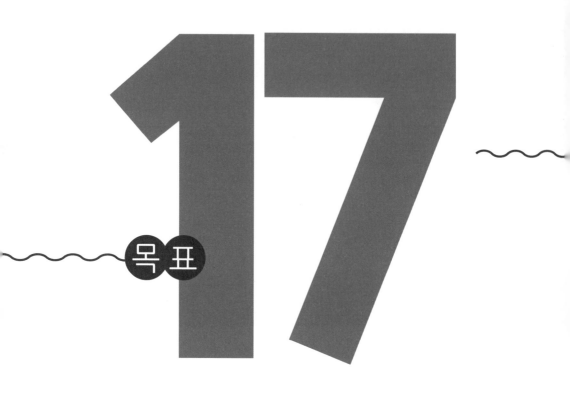

목표 17

국가 간 협력을
강화시켜요

공동의 목표를 이루려면
모두가 책임감을 가져야 해요

지속가능발전목표를 이루려면 국가, 국제기구, 기업, 단체 그리고 각 시민이 함께 협력해야 해요.

소외되고 가난한 나라들의 삶의 수준을 다른 나라들과 비슷하게 끌어올리려면 전 세계 모든 나라가 참여하여 에너지와 자원을 활성화시켜서 지속가능하고 환경을 헤치지 않는 방법으로 실현해야 해요.

그러므로 앞에서 이야기한 16가지 지속가능발전목표가 성공하려면 이 마지막 17번째 목표가 꼭 필요해요.

♣ 세계가 함께 협력해요

산업과 경제 발전이 뒤처진 나라들의 수준을 끌어올리기 위해 다양한 측면에서 접근할 수 있어요.

이런 나라들 중 다수는 풍부한 자원을 보유하고 있어요. 어떤 나라는 지하 자원이 풍부하고, 어떤 나라는 농업을 하기에 좋은 기후와 넓은 땅이 있어요. 그리고 무엇보다 열정이 넘치는 젊은 사람들이 많아요.

하지만 대부분 천연자원의 교역은 이런 자원을 가진 나라가 아닌 그들을 이용하는 부유한 국가들의 다국적 기업에서 돈을 벌어요.

그래서 첫 번째 걸음은 국제 무역에 적용할 정당하고 공정한 규칙을 만드는 거예요.

두 번째 걸음은 가난한 나라들에게 부채를 탕감해 주는 거예요. 가난한 나라는 지출을 감당하기 위해서 국제 은행으로부터 대출을 받아요. 시간이 지나면서 이 부채는 불어나게 되고 때로는 국가가 벌어들이는 돈보다 갚아야 할 돈이 더 많아지는 경우도 생겨요. 그러다 보니 국민들의 생활 수준을 향상시키는 데 투자할 돈이 없어요.

이 나라들의 경제 성장을 돕는 또 다른 방법은 모든 나라가 함께 발전할 수 있도록 환경의 지속가능성 분야에서든 정보 통신 분야에서든 과학 기술을 공유하여 보급하는 거예요.

♣ 개발 원조

국제 원조는 가난한 나라들에게 주요 수입원이 돼요. 원조의 90%는 정부로부터 오는 공적인 돈이며, 나머지는 민간단체, 비정부 기구, 기업 혹은 이주민들이 본국에 송금한 돈이에요.

유엔을 통해 전세계 선진국들은 개발 도상국에 국민총소득(GNI) 대비 0.7%를 공적 개발 원조에 할당하기로 약속했어요. 하지만 북유럽 국가 중 일부만 이 분담액을 달성했고 다른 나라들은 아직 기준에 한참 못 미쳤어요.

가난한 나라들의 경제 발전에 중요한 또 다른 요소로는 개발 도상국 간의 경제와 정보 교류를 통한 협력이에요. 서로 비슷한 문제를 가지고 있다 보니 어떤 점이 어렵고 개선이 필요한지 더욱 잘 이해할 수 있기 때문이에요.

세부 목표

17

- 각 나라마다 국정 계획에 가장 시급한 경제와 사회 문제를 분명하게 알려요.
- 선진국은 개발 도상국에 대한 원조와 투자를 확대해요.
- 과학과 기술 발명을 소외되고 어려운 나라들에 저렴한 가격으로 공유해요.
- 국제 사회는 수출에 대한 장애물을 최대한 없애면서 교역을 장려해요.

내가 할 수 있는 일은 무엇일까?

- 다른 사람들과 협력하는 법을 배워요.
- 다른 사람들이 하는 이야기에 귀를 기울이고 내 주장만 내세우지 않도록 해요.
- 함께 정한 규칙을 따라요.
- 어떤 일을 완성하고 좋은 결과를 얻었을 때 나만 잘했다고 생각하지 말고 함께한 다른 사람들에게 감사하는 마음을 가져요.

국제연합(UN)의 다양한 활동

유네스코(UNESCO)
공식 명칭은 국제연합교육과학문화기구예요. 교육, 과학, 문화의 보급과 국제 교류 증진을 담당해요.

국제노동기구(ILO)
국제노동기구의 목표는 남녀 모두가 자유롭고 평등하며 안전하고 존엄한 조건에서 일자리를 갖도록 하는 거예요.

국제연합식량농업기구(FAO)
농업 생산성과 가난한 나라 농부들의 생활 수준을 개선하는 일을 해요. 위기 상황이 발생하면 식량을 지원해요.

세계보건기구(WHO)

예방 접종 캠페인을 추진하여 전염병에 대항해요. 의학 및 약학 분야에 대한 연구를 담당하며 낙후된 지역에 의료 서비스와 시설을 조직해요.

국제난민기구(UNHCR)

전쟁, 자연재해 혹은 독재 정권을 피해 나라를 떠난 난민과 망명자들을 도와요. 이 기구는 난민을 보호하고 난민 문제를 해결하기 위해 국제적인 조치를 주도해요.

유니세프(unicef)

국제연합아동기금으로도 불리는 이곳은 어린이의 복지 향상을 위해 설립된 국제연합의 특별 기구예요. 특히 전쟁 상황에 처해 있거나 노동에 내몰린 아이들, 불우한 환경에서 생활하는 어린이들을 도와요.

세계관광기구(UNWTO)

관광 사업을 장려해요. 세계 다양한 민족 간의 경제 활동을 지원하고, 국제 이해와 협력을 이끌기 위하여 설립되었어요.

유엔인권최고대표사무소(OHCHR)

세계인권선언문에 명시된 인간의 권리를 보호하고 증진시켜요.

작은 도움, 큰 꿈

"여보, 당신 생각은 훌륭하지만 대출을 받지 않으면 어려울 거예요."

아빠가 우려 섞인 목소리로 말했어요.

파미다네 가족은 방글라데시의 중심부에 위치한 농촌에 살아요. 아빠는 작은 비료 상점을 운영해요. 그런데 고생해서 일해도 아빠의 수입은 충분하지 않았어요. 자녀가 여섯인데다 연로하신 조부모님도 함께 살거든요.

"그라민 뱅크라는 특별한 은행이 있다고 들었어요. 우리 같은 사람들에게도 돈을 빌려 준다고 모두들 '가난한 자들의 은행'이라고 부르더군요. 그곳에서 돈을 빌려서 사업을 시작하면 어떨까 해요."

엄마가 말했어요.

"보증은 요구하지 않나요?"

"어디에 쓸 돈인지만 설명하면 믿고 돈을 빌려주고 천천히 갚아도 된대요."

엄마는 확신에 찬 모습으로 계속 말을 이었어요.

"그라민 뱅크의 직원이 마침 내일 마을을 방문할 거라는데 그때 우리 사업 이야기를 하려고요."

"엄마, 저도 따라가도 될까요?"

"물론이지. 엄마도 마음이 초조해서 함께 있어 줄 사람이 필요해!"

다음 날 엄마와 파미다는 일찍 집을 나섰어요.

차례가 되자 엄마는 긴장감에 목소리도 제대로 안 나올 정도였어요. 다행히 파미다가 나서서 도왔어요.

"저희 가족은 열 명이나 되는 대가족인데 아빠의 수입으로는 생활하기가 어려워요. 그래서 저희 엄마는 닭을 키워서 시장에 팔고 싶어 하세요."

"훌륭한 생각이네. 그래서 돈이 얼마나 필요하지?"

그라민 뱅크 직원이 물었어요.

이번에는 엄마가 나섰어요.

"5000타카 정도 생각하는데 너무 많은가요?"

타카는 방글라데시의 화폐 단위인데 5000타카는 약 7만 원에 해당해요.

"적절한 금액으로 보입니다. 언제 상환할 수 있을 것 같으세요?"

"모든 일이 문제없이 진행된다면 병아리들은 2개월 반 만에 자랄 거예요. 하지만 일부는 달걀 생산을 위해 계속 키울 계획이에요. 그러면 3달 후에 2000 타카를 갚을 수 있을 것이고, 나머지는 조금씩 계속 상환하도록 할게요."

"조급하게 생각하실 필요 없습니다. 전체 금액을 상환하기까지 1년의 기간을 드리겠습니다."

엄마는 매우 기뻐했어요.

그래서 파미다는 더 큰 모험을 해 보기로 했어요.

"휴대 전화 구입을 위해 4000타카를 더 빌릴 수 있을까요? 아빠가 일할 때 유용하게 사용하실 거예요."

"아주 용감한 아이구나. 물론 빌려줄 수 있단다."

직원이 웃음 띤 얼굴로 파미다에게 말했어요.

그로부터 몇 해가 지났어요. 엄마는 모든 대출금을 상환했어요. 사업을 확장하기 위해 자금을 추가로 빌렸지만 항상 척척 갚아 나갔어요. 그리고 파미다와 형제들을 학교에 보낼 만큼의 돈을 벌 수 있게 됐어요.

"교육은 자녀에게 줄 수 있는 가장 좋은 선물이에요."

아빠는 늘 말씀하셨어요.

"교육을 통해 아이들이 지역 사회와 국가에 대한 책임 의식을 갖고 자라는 것도 필요해요."

파미다는 부모님의 말씀에 따라 대학에 진학하여 경제학과를 졸업했어요. 이후 그라민 뱅크에 취직하여 지역 사회를 위하여 일하고 있답니다.

그라민 뱅크 프로젝트

인도와 국경을 접하고 있는 방글라데시는 세계에서 가장 가난한 나라 중 하나예요. 1974년에 극심한 홍수로 농작물이 큰 피해를 입었어요. 이는 큰 기근을 일으켰고 그 결과 수많은 사람들이 목숨을 잃었어요.

젊은 경제학 교수였던 무하마드 유누스는 자기 민족을 위해 무언가를 해야겠다고 결심했어요. 일거리가 없으면 만들어야 한다고 생각했어요. 마을의 가난한 사람들에게 부족했던 것은 지식이나 능력이 아니라 사업을 시작할 약간의 자금이었어요. 그래서 그는 자신의 재산에서 소액의 자금을 사람들에게 빌려주기 시작했어요.

유누스는 이렇게 '그라민 뱅크'(Grameen Bank)를 설립했는데 이는 벵골어로 '마을 은행'이라는 뜻이에요. 그라민 뱅크는 소액을 대출해 주며 보증을 요구하지 않아요. 그럼에도 불구하고 대출금의 99%는 상환되고 있어요.

오늘날 그라민 뱅크는 41개국에서 활동하고 있어요. 그리고 2006년에는 무하마드 유누스와 그라민 뱅크는 노벨 평화상을 수상했어요.